Just Bergner

„Also, heute Nachmittag auf der Rennbahn ...“

Wartberg Verlag

Bildnachweis:

Archiv Just Bergner, die Fotos auf den Seiten 58 und 59 (nackter Mann) stellte freundlicherweise Herr Reinhard Wöckel zur Verfügung.

1. Auflage 2003

Satz und Layout: Typographische Dienste
U. Weiss, Borken (Hessen)
Druck: Druckerei & Verlag Steinmeier, Nördlingen
Buchbinderische Verarbeitung:
Buchbinderei Büge, Celle

34281 Gudensberg-Gleichen, Im Wiesental 1
Telefon (0 56 03) 9 30 50
www.wartberg-verlag.de
ISBN 3-8313-1370-9

Inhaltsverzeichnis

Vielfältig sind die Geschichten, die in einer Stadt entstehen. Manche sind nach ein paar Tagen wieder verschwunden. Andere halten sich länger, und wieder andere werden von Generation zu Generation weitergetragen und erfahren so manche Veränderungen.

In dem alten, wirklich urgemütlichen Jena saßen die Männer am Abend gern vor der Haustür. Genüsslich rauchten sie eine Pfeife zum Feierabend und hingen ihren Gedanken nach. Mit den Nachbarn besprachen sie die aktuellen Tagesereignisse und erzählten alte Geschichten.

Unsere hektische Zeit lässt solch eine gemütliche Atmosphäre nicht mehr aufkommen. Zu vielen Geschichten fehlt heute auch das entsprechende Ambiente. Nicht nur die historischen Gebäude, ganze Straßenzüge, fast die gesamte Innenstadt verschwanden kurz vor Ende des Zweiten Weltkrieges.

Erwähnt man in Gesprächen zum Beispiel: „Habe die Ehre..." oder: „Also, heute Nachmittag auf der Rennbahn..." wissen die älteren Bürger sofort Bescheid und die jüngeren Jenenser hören gern zu.

„Also, heute Nachmittag auf der Rennbahn" wird heute kein Jugendlicher mehr sagen, wenn er die Freundin treffen will. Aber bis 1945 war das eben anders in unserer Stadt.

Einige dieser Geschichten, lustige, aber auch ernste Begebenheiten aus der jüngeren und weiter zurückliegenden Vergangenheit sind auf den nächsten Seiten niedergeschrieben. Vor dem geistigen Auge entsteht das alte Jena wieder. Die alten Jenenser werden sich erinnern und sagen: „Mensch, waren das Zeiten..."

Just Bergner

Umzug mit Hindernissen

Der endgültige Umzug meiner Eltern nach Jena ging damals nicht reibungslos vonstatten.

Am Montag, dem 10. Juli 1939, konnte man in jeder Jenaer Tageszeitung nachlesen, was am Sonnabend passiert war. Im Jenaer Volksblatt war folgende Mitteilung zu lesen:

„Zu einer langen Verkehrsstockung kam es am Sonnabend vormittag in der Straße der SA. Ein Möbelwagen mit Anhänger kam von Wurzen und brachte Möbel für eine Familie, die in den großen städtischen Neubau an der Endhaltestelle der Straßenbahn in Jena-Ost einziehen wollte. Da der Wagen schon vorbeigefahren war, wollte er wenden und fuhr bis an die Ausweichstelle der Straßenbahn an der Trebe. Doch beim Wenden war die Kurve zu kurz, die Achse des Anhängers verdrehte sich, und mit Getöse stürzte der vollbeladene Anhänger-Möbelwagen um und blockierte beide Gleise. Polizei war sofort da und nahm den Tatbestand auf. Stundenlang bemühte man sich um die Aufrichtung des Wagens, während der Straßenbahnverkehr durch Umsteigen aufrecht erhalten werden konnte. Zum Glück befand sich gerade ein Wagen hinter der Unfallstelle, sonst hätten die Straßenbahnfahrer von der Trebe aus laufen müssen. Nach sechsstündiger schwerer Arbeit war das Hindernis endlich beseitigt. Eigenartigerweise sind bei dem „Umsturz" Porzellan, Spiegel usw. fast vollständig heil geblieben."

Nachdem der Möbelwagenanhänger umgestürzt war, fuhr der Motorwagen zur Wohnung an der Endhaltestelle und wurde ausgeladen. Danach wieder zurück an die Trebe zum Anhänger. Umladen war wieder angesagt, und wieder ging es zur neuen Wohnung. Einladen, ausladen ... – so ging das mehrere Male hin und her, bis endlich der umgekippte Anhänger ausgeräumt war. Da es in Jena keine Winde in der nötigen Größenordnung gab, um derartige große Wagen wieder aufzurichten, musste eine solche erst aus Gera geholt werden.

Um in der Zwischenzeit „allzu eifrige Helfer" abzuhalten, musste ich am umgestürzten Anhänger Wache halten.

Das war der endgültige Zuzug meiner Eltern nach Jena.

* * * * *

Also, heute Nachmittag auf der „Rennbahn“ ...

Den Schulranzen auf dem Rücken sprangen wir aus dem Schultor heraus, befreit von der Last der Schule, wenigstens bis zum nächsten Tag. Alle redeten, jeder zu jedem. Mein Freund Max fragte mich: „Du kommst doch heute Nachmittag?“ Ich antwortete: „Natürlich, ich bin da!“ Es war doch klar, wohin wir gingen. Viele Nachmittage in der Woche verbrachten wir als Schüler, im Alter von etwa 14 Jahren, auf der „Rennbahn“ in der Stadt.

Die „Rennbahn“ war ein Begriff in Jena, weitergetragen von Generation zu Generation. Sie verlief vom Holzmarkt die Löbderstraße entlang, an den Gaststätten „Zur Sonne“ am Markt und dem „Weimarischen Hof“ vorbei, bis zum Kino „Astoria“.

Die Rennbahn: Löbderstraße vom Holzmarkt Richtung Markt

Da ging es dann flott hin und her, hier begegneten sich die Geschlechter. Freundschaften wurden geschlossen, aber auch wieder beendet.

Max suchte seine Freundin. Sie war nicht da. Wie ein Irrer fegte er die Strecke rauf und runter. Die Eifersucht kochte in ihm. Denn die beiden „gingen miteinander“. So nannte man das damals. Endlich, nach über einer Stunde, tauchte sie auf. Sie hatte für ihre Mutter noch arbeiten müssen.

Es war so üblich, wenn sich ein Pärchen getroffen oder kennen gelernt hatte, bogen sie gern bei der Schleiferei Kübel ab in die ruhigere Kollegiengasse. Vielversprechend wurde es aber dann, wenn die Freundin sogar noch mit ins Brüdergäßchen ging. Durch diese schmale, äußerst enge Gasse gelangte man zur Leutra- und Johannisstraße. Sie eignete sich vorzüglich, kleine Zärtlichkeiten, wie vielleicht ein flüchtiges, scheues „Händchenhalten“, auszutauschen.

Es darf nicht vergessen werden, dass unsere naive und puritanische Erziehung keine ausschweifenden Zärtlichkeiten gestattete. Gedanklich vielleicht, aber in der Öffentlichkeit war das unvorstellbar. Wir wurden damals ausgesprochen dumm erzogen.

Wenn man es ganz genau nimmt, wussten wir eigentlich gar nicht so richtig, was wir hier wollten. Aber am nächsten Tag konnte man angeben und sagen, ich war, z. B. mit Irene, in der Brüdergasse. Und das war es dann auch schon gewesen.

Mit dem anderen Geschlecht aus der eigenen Klasse anzupendeln war allerdings unklug. Das ging meistens nicht gut aus.

Wenn der Nachmittag so weit fortgeschritten war, in den Abend überzugehen, taten wir Jungen, die keine Partnerinnen gefunden hatten, uns nun zusammen und schlichen in das schon etwas dunklere Brüdergäßchen, um die Pärchen zu erschrecken.

In unserem Eifer überschritten wir die Leutrastraße und gelangten durch die Fortsetzung des Brüdergäßchens in die Johannisstraße.

Damit betraten wir „Klein-Paris“, das Territorium für „Fortgeschrittene“.

Wir waren wohl die letzte Generation, die diese jahrzehntelange Tradition fortsetzte und sich solche Späße auf der „Rennbahn“ erlauben konnte. Im März 1945 wurden diese Straßen durch Luftangriffe zum größten Teil zerstört. Dadurch fehlte später der äußere Rahmen, um die Tradition am Leben zu halten. Nur noch meine Generation und ältere Jenenser können sich an die „Rennbahn“ erinnern. Das waren Zeiten! Es war einmal.

* * * * *

Verführerische Konturen in „Klein-Paris“

Was für uns Anfänger die Rennbahn war, das war für „Fortgeschrittene“ die Johannisstraße, auch „Klein-Paris“ genannt. Hier suchten die Studenten die Begegnungen mit jungen Damen.

Besonders reizvoll war es, wenn die hübschen Jenenserinnen an schönen Sommerabenden die Johannisstraße rauf und runter wandelten. Da schien noch ungehindert – es gab weder Turm noch Hochhaus – die Abendsonne in die Johannisstraße und zeigte so die Silhouette der verführerischen Konturen der jungen Frauen durch die dünnen Sommerkleider.

Das Brüdergäßchen

Der Burgkeller, eine Studentenkneipe, stand etwa dort, wo sich heute die Goethe-Apotheke befindet.

Im Burgkeller, gleich neben dem Torbogen-Eingang, befand sich das so genannte „Röntgenfenster“.

Ganz ungeniert konnten die Studenten durch dieses Fenster diesen Anblick genießen und so auch schon ihre „Vorauswahl“ treffen.

Wer von den Studenten gut „betucht“ war, viele Väter schickten ja einen monatlichen Scheck, der kehrte auch gern mit seiner Auserwählten ins Café Wienke ein.

Danach brachten die Studenten ihre Damen nach Hause und wählten natürlich gerne den Weg durch das enge, stille Brüdergäßchen. Das wiederum weckte bei uns Anfängern verständliche Neugier. Dort warteten wir. So kam es für uns manches Mal zu interessanten und aufklärenden Begegnungen.

Bei diesem für uns interessanten Schauspiel vergaßen wir oft die Zeit. Schließlich mussten wir uns sputen, um auf dem schnellsten Weg nach Hause zu kommen. Denn es brannte keine Straßenlampe, kein Schaufenster war erleuchtet, aus keinem Fenster drang ein Lichtstrahl. Völlige Verdunkelung forderte das Luftschutzgesetz.

Entgegenkommende sah man nur, wenn sie ein phosphoreszierendes Abzeichen trugen. Das waren Plaketten, die sich tagsüber durch die Sonne aufluden und im Dunklen als grünliches Licht leuchteten.

Wenn es dunkel wurde, hatten wir Jüngeren nichts mehr auf der Straße zu suchen.

* * * * *

Schattenspiele in der „Flohkiste“

Jena konnte schon zeitig auf mehrere Lichtspielhäuser verweisen. In den ersten Jahren des vergangenen Jahrhunderts gab es die „Luna-Lichtspiele“ in der Leutrastraße 6 und das Metropol-Theater in der Schlossgasse. Diesen folgte das Palast-Theater Unterm Markt 8/10. Etwa Mitte der 20er Jahre wurde aus dem Palast-Theater das Kino Astoria, gemeinhin im Volksmund als die „Flohkiste“ bekannt.

Am Sonnabend, dem 2. April 1927 wurde das Kino „Capitol“ am Löbdergraben eingeweiht. Das neue Lichtspielhaus war ein Schmuckstück für unsere Stadt und Jena um eine Sehenswürdigkeit reicher geworden. Das Capitol verfügte über 1200 Sitzplätze.

Zurück zum Kino Astoria („Flohkiste“): Als einziges Kino besaß die „Flohkiste“ drei Ränge. Also Parkett, ersten, zweiten und dritten Rang. Dem Eingang zur ebenen Straße folgten die Kassenhäuschen, eine breite, steile, schwarze Marmortreppe führte nach oben. Dort teilte sie sich und man gelangte links und rechts in das Parkett, auch Sperrsitz genannt. Von hier führten links und rechts wieder steile, aber schmalere Treppen zu den drei Rängen. Kinder und Jugendliche waren immer bestrebt einen Platz ganz oben im dritten Rang zu bekommen. Außerdem hatte man hier die Möglichkeit einmal seine Finger in den Lichtstrahl zu halten. Was sofort zu lauten Schimpfkanonaden der anderen Besucher führte. Die „Schattenspiele“ mit Händen und Fingern durfte man sich – wenn überhaupt – nur bei den Werbefilmen erlauben. Andernfalls musste nach dem Film auf der Straße mit handgreiflichen Auseinandersetzungen mit den anderen Besuchern des Films gerechnet werden.

In den 40er Jahren kosteten diese Plätze 45 Pfennige.

Rechts neben dem Kinoeingang befand sich die „Heka“, ein Konsum-Kaufhaus mit einem breiten Warensortiment einschließlich einer Lebensmittelabteilung.

Ehemals Kino Astoria („Flohkiste“) Zuletzt hatte die Textilkette „Jean Pascale“ hier eine Filiale.

Folgte man der Straße weiter ostwärts, vorbei an der Unterlauengasse, gelangte man durch die „Fürstenhof-Passage“ zum Löbdergraben. Das große Gebäude rechts in Richtung Roter Turm war das Hotel „Fürstenhof“. Den gesamten Gebäudekomplex, mit dem Kino Astoria, nannte man allgemein die „Hohen Müller'schen Geschäftshäuser“.

Ende der 50er Jahre unterzog man das Astoria einer großzügigen Renovierung, wobei u. a. zwischen dem zweiten und dritten Rang eine Zwischendecke eingezogen wurde.

Im März 1960, nach längerer Umbauphase, war aus dem altertümlichen „Kintopp“ ein modernes Lichtspieltheater entstanden.

Aber schon kurze Zeit später stellte man den Kinobetrieb ein. Der HO-Herrenausstatter etablierte sich hier bis 1990.

Mit der Wende wurde auch die Handelsorganisation (HO) „abgewickelt“. Als Nachfolger bezog die Räume die Textilkette „Jean Pascale Vertrieb GmbH & Co“. Zurzeit stehen die Verkaufsräume leer und warten auf neue Mieter.

Sonnabends war Badetag

Wir bezogen 1939 unsere Wohnung in einem Neubau in Jena. Zwei Zimmer, große Wohnküche und Toilette. Bad oder Dusche gehörten seinerzeit noch nicht zur Standardausstattung.

Immer sonnabends am späten Nachmittag wurde gebadet. Das war mit viel Aufwand verbunden. Aus dem Keller holte der Vater die große Zinkwanne und stellte sie in der Küche auf. Egal, ob Sommer oder Winter, auf dem Küchenherd standen dann große Töpfe mit heißem Wasser. Im Sommer schwitzte man wie ein Affe, wenn der Ofen angeheizt wurde.

Diese fast unerträgliche Hitze wurde gemindert, als später die Gaskocher mit zwei Flammen aufkamen.

Die Eltern schütteten gemeinsam aus den schweren Töpfen das Wasser in die Wanne. Dann wurde zunächst das Kind gebadet, danach stieg die Mutter und zuletzt der Vater ins Wasser.

In der neuen Wohnung herrschte diese Bade-Routine noch nicht.

Mein Bad war beendet. Im Nachthemd – mit noch nassen angeglitschten Haaren –, so richtig frisch poliert, saß ich auf dem Chaiselongue am Küchentisch. Vor mir mein Lieblingsbuch „Das Geheimnis des Riesenhügels". „Wenn die Baderei zu Ende ist", so mein Vater, „erzählst du, was du gelesen hast." Das diente sicher dazu, mich von dem Geschehen in der Küche etwas abzulenken, denn nun wollte meine Mutter baden.

Um die ganze Geschichte abzusichern, war am Fenstergriff und an der gegenüberliegenden Türklinke eine Leine gespannt und darüber ein großes Betttuch gehängt. Also, ich hätte keinen verbotenen Blick erhaschen können.

Nach dem Bad sagte meine Mutter: „Alfred, hol mir mal mein Nachthemd." Mein Vater öffnete die Tür.

Die Leine rutschte vom Fenstergriff und meine Mutter wusste nicht, wohin mit ihren Händen. Nackt stand sie mitten in der Küche. Vor Freude hüpfte ich auf und nieder und lachte, hielt mir aber wohlweislich die Hände vor den Mund. Mein Vater lachte auch, aber nicht so frei und unschuldig wie ich.

Meine gelesene Geschichte brauchte ich nicht zu erzählen.

Das war, als knapp Zehnjähriger, mein erstes besonderes Erlebnis in der neuen Wohnung in Jena.

Um solchen unangenehmen Überraschungen in Zukunft vorzubeugen fuhren wir am nächsten Sonnabend mit der Straßenbahn in die Stadt. Wir gingen ins Volksbad. Ein schönes Gebäude. Es gab eine Schwimmhalle, Sauna und auch Wannenbäder.

Natürlich waren wir nicht die Einzigen, die ein Bedürfnis verspürten sich gründlich zu reinigen. Viele Leute warteten auf ein Wannenbad. Endlich konnten wir uns auf eine schöne, weiß gestrichene Bank setzen. Ein Bad dauerte 30 Minuten. Wir haben weit über zwei Stunden gewartet, bevor ich als Erster eine Wanne bekam. Dann musste ich warten. Meine Eltern hatten gerade eine Badewanne bekommen.

Als wir das Volksbad verließen, war es schon dunkel. Mit der Straßenbahn fuhren wir nach Hause. Etwas über vier Stunden waren wir unterwegs gewesen. Besonders meinem Vater gefiel das überhaupt nicht.

Es blieb ein einmaliger Versuch. Das wöchentliche Ritual, sonnabends wird gebadet, fand dann wieder in der heimischen Küche statt. Natürlich unter besonderen Sicherheitsvorkehrungen.

* * * * *

Osterspaziergang zur Sprengung der Zeiss-Esse

Das Zeiss-Heizkraftwerk benötigte einen neuen Schornstein. Die Baufirma Herrmann & Sohn GmbH Mannheim erhielt den Zuschlag und errichtete, in nur 115 Arbeitstagen den Eisenbetonschornstein.

Am 2. Juni 1936 wurde die neue Esse dem Betrieb übergeben. Vor Inbetriebnahme musste sie 14 Tage lang trockengeheizt werden. Weit sichtbar überragte sie mit ihren 100 Höhenmetern die Dächer der Innenstadt. Viele Jahre war sie das höchste Bauwerk in unserer Stadt.

Im Lauf der Zeit wurde das Zeiss–Hauptwerk an das Fernheizungsnetz angeschlossen. Damit hatten das Heizwerk und die „Zeiss-Esse" ihre Bedeutung verloren. Inzwischen war der Schornstein, der einen unteren Durchmesser von 6 Metern und einen oberen von 3,53 Metern aufwies, baufällig und zu einer Gefahrenquelle für die Bevölkerung geworden.

Am Ostersonnabend, 25. März 1978, wanderten die Jenaer nicht wie eigentlich üblich in die langsam grün werdende Natur – nein, 30 000 Einheimische und Fremde begaben sich in die Stadt, mitten ins Zentrum. Am Forstweg und an den Hängen der umliegenden Berge postierten sich die Menschen mit ihren Ferngläsern.

Erst hatte man die Absicht, den Schornstein Stück für Stück abzutragen, entschied sich dann aber doch zur Sprengung, die der Sprengbetrieb Bernburg durchführte. 320 Einwohner mussten zeitweilig evakuiert werden.

Nun war es also so weit: Pünktlich um 10.00 Uhr neigte sich die Zeiss–Esse zur Seite und fiel 28 cm (wie vorausberechnet!) am Haus Ernst-Abbe-Straße 1 vorbei. Mit Getöse schlug der Schornstein vor dem Volkshaus auf die Lutherstraße. Das war Präzisionsarbeit. Eine dichte

Links die „Bizenburg“, daneben die Poliklinik Mitte (Ambulanz), rechts Häuser am Ernst-Haeckel-Platz

Staubwolke breitete sich aus. Beim Fallen knickte dann doch ein ca. zwei Meter langes Oberteil des Schornsteins ab und beschädigte die Poliklinik Mitte.

Innerhalb von zwei Tagen wurden die 2300 Kubikmeter Schutt abgefahren, die durch die Druckwelle zerstörten Fensterscheiben ersetzt, und den verbliebenen 15 Meter hohen Schornsteinstumpf ließ man in den nächsten Tagen verschwinden.

Ein paar Tage nach Ostern machte bei der Jenaer Bevölkerung folgender Spruch – natürlich hinter vorgehaltener Hand – die Runde:

Ein nicht genutzter Schornstein kostet Geld,
was dann im Säckel fehlt.
Die Esse wurde gesprengt
und fiel mit Eleganz
ganz nahe an die Ambulanz.
Nun haben wir keine Ambulanz
und keine Esse mehr,
aber die große Fresse,
wie immer – hinterher!

Ein „Luftschiff", das einmal eine Burg war

Mit unserem „Luftschiff" ist nicht etwa ein Zeppelin gemeint. Nein, hier handelte es sich um eines unserer schönsten Jenaer Ausflugsziele. Die korrekte Bezeichnung lautet Burg Rabis (405 m ü. NN) und war der Überrest einer ehemaligen Burg. Der Volksmund nannte dieses Ausflugsziel der guten Aussicht wegen „Luftschiff".

Und insbesondere wegen der guten Aussicht ging es am Wochenende mit Kind und Kegel zum „Luftschiff". Bei klarer Sicht kann man von dort bis zum Fichtelgebirge sehen.

Nur zwei kleine Bauernhöfe und der große ummauerte Burggutshof mit dem Gasthaus „Zum Luftschiff" bildeten die eigentliche Ortschaft. Das Gasthaus hatte schöne, altdeutsch eingerichtete Innenräume und eine große Gartenwirtschaft. Skiwanderer werden sich besonders gern und gut an den großen grünen Kachelofen erinnern.

Die Gaststätte „Luftschiff" auf der Wöllmisse

Um diese urgemütliche Gaststätte zu erreichen benutzte man am bequemsten den Weg über Ziegenhain zum Steinkreuz und von dort ging's weiter auf der Hochebene Wöllmisse, durch herrlichen Buchenwald, zum „Luftschiff". Im Sommer wie auch im Winter war es Ziel vieler Wanderfreunde. Hier konnte man, weit abseits vom Verkehr, in Ruhe die Natur genießen.

Der Ortsteil Burg Rabis gehört zur etwa 30 Minuten zu Fuß entfernten Gemeinde Rabis am Fuß der Wöllmisse.

Anfang der 70er Jahre erwarb der Volkseigene Betrieb (VEB) Carl Zeiss das Gaststättengebäude mit der Absicht, hier ein Ferienerholungsheim für Betriebsangehörige zu errichten. Die finanziellen Mittel, um eine Wasserleitung zu legen, sowie unbedingt notwendige Renovierungsarbeiten durchzuführen und Neubauten zu errichten, reichten jedoch bei weitem nicht aus. Man ließ die ursprüngliche Absicht fallen und somit verfiel das leer stehende Gebäude. Im Jahr 1974 trat die Abrissbirne in Aktion und erledigte den Rest. Das Luftschiff war für immer verschwunden.

Die Geschichte hatte uns wieder einmal eingeholt, was ein Gedicht aus dem Jahr 1841 eindrucksvoll belegt:

„Auf, ihr Wanderungsgenossen,
Rüstet euch, um unverdrossen,
Dort den Berg hinanzusteigen,
Um das Luftschiff zu erreichen,
Das auf luft'ger Höh' gelegen.
Mancher ließ auf diesen Wegen,
Sehnsuchtsvoll das Ziel im Sinn,
Sich das Steigen nicht verdrießen,
Doch, gelangt man zum Ziele hin,
Fand er bei des Magens Qual
Ach! nichts weiter zu genießen,
Als – die Aussicht in das Thal."

Deutsches Theater Jena

Am Donnerstag, dem 1. Oktober 1936 erhielt Jena sein drittes Lichtspielhaus mit dem stolzen Namen Deutsches Theater. Unternehmen wir zur Eröffnung mit dem Inhaber Valentin Widera und dem Geschäftsführer Grüßer einen imaginären Rundgang durch das ehemalige elegante, schöne und harmonische Filmtheater.

Eröffnung

Was schon so lange Tagesgespräch der Stadt bildet, wird nun Wirklichkeit. Jena erhält sein neues Lichtspielhaus, ein Filmtheater, das durch seine Größe und vollendete technische Einrichtung, durch seine einzigartige Innenarchitektur und seine Bequemlichkeit zu den führenden Theatern ganz Mitteldeutschlands zählen wird. Morgen Donnerstag wird es unter dem Namen

Deutsches Theater

der Oeffentlichkeit übergeben werden. Jeder Name verpflichtet, und so wollen wir das „Deutsche Theater" zur Pflegestätte des großen deutschen Filmes machen. Stunden ausgelassener Heiterkeit und tiefer Erschütterung, Entspannung und Erhebung sollen Sie hier erleben, und der deutsche Film, der ja seit dem vergangenen Jahre in künstlerischer Beziehung einen ungeahnten Aufschwung genommen hat, wird in dem neuen Hause einen Rahmen haben, wie er idealer nicht gedacht werden kann.

Das Deutsche Theater erwartet Sie

Donnerstag, den 1. Oktober, 5 und 9 Uhr 2 Festvorstellungen!

Verräter

Ein nach wahren Begebenheiten verfaßter Spionageabwehrfilm, aus dem die Regie mit dem Einsatz hervorragender künstler. und noch nie erlebter wehrtechnischer Kräfte ein aufrüttelndes Dokument der Gegenwart schuf.

Ein Ufa-Film mit Willy Birgel, Lida Baarova, Irene v. Meyendorff, Theodor Loos, Rudolf Fernau, H.A. Böhme, Heinz Welzel, Paul Dahlke

Musik: Harald M. Kirchstein. Künstlerische Oberleitung: H. Weidemann.

Spielleitung: Karl Ritter

In Anwesenheit von: Willy Birgel

Irene v. Meyendorff, Heinz Welzel

Die drei beliebten Künstler treffen Donnerstag 15 Uhr auf dem Saalbahnhof ein!

Numerierte Plätze! Karten im Vorverkauf Numerierte Plätze!
im Büro des „Capitol" von 10.30 bis 13 und 17 bis 21 Uhr.
Eintrittspreise: 1.20 bis 2.50 Mark.
Ueber einen Teil der Plätze zur ersten Vorstellung ist bereits verfügt.

Ab Freitag: Beginn 5, 7, 9 Uhr.

Wir gehen also vom Holzmarkt aus in die Passage und gleich nach dem letzten Schaufenster vom Herrenoberbekleidungsgeschäft Göpel befindet sich das Eingangsportal. Zwei Kassen und die Garderobe empfangen den Besucher, links hat man die Möglichkeit sein Motorrad bzw. Fahrrad abzustellen. Die Säulen und der Fußboden sind mit Solnhofer Platten ausgelegt. Der ganze Raum ist in einem hellgelben Farbton gehalten. Eine sechs Meter breite Freitreppe, in der Mitte durch ein Geländer geteilt, führt links und rechts in eine wandelartig gestaltete Vorhalle. Ein behaglich mit Clubsesseln ausgestatteter Warteraum bietet sich an. In der Nähe befinden sich die Toiletten. Die Gänge links und rechts führen ins Parkett und zwei kurze Treppen hinauf zu den Logen und Rängen.

Der 900 m^2 große Zuschauerraum mit 1140 Sitzplätzen vermittelt einen geschmackvollen und vornehmen Eindruck. Die Sitzplätze sind durchweg orangerot gepolstert und auf „Lücke“ gesetzt. So gewähren sie jedem Zuschauer einen freien Blick auf die Bühne. Die Reihenabstände garantieren einen bequemen Durchgang.

Die Wände sind orangefarbig gehalten und heben sich durch eine breite Goldleiste von der graubraun gestalteten Decke ab. Diese schalldämmenden Platten garantieren eine ausgezeichnete Akustik.

Die etwa 100 m^2 große Bühne kann sowohl für Filmvorführungen als auch für Theaterprogramme genutzt werden. Die Projektionsleinwand ist die größte Mitteldeutschlands. Die Bildfläche umfasst 56 m^2.

Mit dem Film „Verräter“ wurde das neue Kino eingeweiht. Das herausragende Ereignis: Die beiden Hauptdarsteller, der Frauenliebling Willy Birgel und Irene v. Meyendorff, waren zur Eröffnung des Deutschen Theaters in Jena persönlich anwesend.

Der gesamte neue Gebäudekomplex am Holzmarkt trug den Namen „Deutsches Haus“. Die Jenaer sagten einfach kurz: „Wir gehen ins DH.“ Neue Geschäfte, das „Café Mankel“ und ein Hotel standen den Gästen zur Verfügung.

Später, in den 50er Jahren, wurden die Hotelzimmer von der SED-Kreisleitung genutzt.

Danach residierte das „INTERHOTEL“ am Holzmarkt und das „Café und Restaurant international“ sowie das Kino „palast-theater“ belegten die Gebäude.

Mit diesem Rückblick sind Erinnerungen geweckt, die erst einmal verarbeitet sein wollen.

Im Jahr 1997, also 61 Jahre nach der Einweihung, wurden unter großer Anteilnahme der Bevölkerung das Deutsche Haus am Holzmarkt und weitere angrenzende Gebäude dem Erdboden gleichgemacht.

Bei den Abrissarbeiten traten unübersehbare Schäden ans Tageslicht. Der Verfall im Innern des Hauses war weit fortgeschritten und an eine evtl. Restaurierung überhaupt nicht zu denken.

Neues soll hier entstehen, wobei man mit der neuen Gestaltung an die Grundform des Vorgängerbaues erinnern will.

* * * * *

Wasserspringer Hemmann – Sprung in den Tod

Bockewitz, einer der halbamtlichen Stadtknechte, eilt mit der Klingel in der Hand durch die Gassen, klingelt und ruft:

„Heute gegen Abend produziert sich Hemmann, der Wasserspringer, auf der Camsdorfer Brücke.“

Neugierde und der zu erwartende Nervenkitzel ließen die Einwohner in hellen Scharen zur Brücke eilen. Hemmann hatte als Angeworbener in hanseatischen Diensten gestanden. Danach war es seine wichtigste Beschäftigung, seine Kunst im Wasserspringen vor versammelten Menschen zu zeigen. Er stellte sich auf die Brustwehr der Brücke und verschwand nach einem Salto im Wasser. Als Krönung seiner Leistung schoss er mitunter nach dem Wiederauftauchen eine Pistole ab oder zündete einen schwimmenden Pechkranz an. Währenddessen hielt seine betagte Mutter den Gaffern die geöffnete Hand entgegen. Man spendierte von einem Pfennig bis zu einem Dreier.

Die alte Camsdorfer Brücke

Als Konkurrent ließ sich ein stolzer Bäckerbursche ebenfalls öffentlich melden. Die Menschenmenge staunte, als noch ein Gerüst auf der Brücke errichtet wurde. Von diesem stürzte sich der Kühne in die Fluten herab. Dieser verwegene Sprung gelang und wurde von der Menge mit Bravorufen belohnt.

Von der unerwarteten Konkurrenz getrieben, wollte Hemmann nun einen neuen Trick anwenden.

An einem Sonnabend meldete Stadtknecht Bockewitz unter Klingeln:

„Heute Abend springt Hemmann mit Ketten umgürtet von der Brücke in die Saale!“

Diese Ankündigung verfehlte ihre Wirkung nicht. Der Andrang war viel größer als bisher. Pünktlich erschien Hemmann. Aus der Brückenmühle hatte er die 30 Pfund schweren Ketten geliehen und sich um Brust und Hüften geschlungen. So steigt er auf die Brustwehr und springt in die Fluten. Schnell zieht ihn das Gewicht in die Tiefe. Doch diesmal kommt er nicht mehr an die Oberfläche zurück. Die Ketten waren am Körper heruntergeglitten und hatten sich um die Beine geschlungen. Seine alte Mutter schrie: „Mein Sohn, mein Junge ist verunglückt, helft ihm, helft!“ Man fand ihn nicht mehr. Bestürzt entfernten sich die vielen Gaffer. Am nächsten Tag wurde Hemmann geborgen. In seiner Todesangst hatte er offensichtlich versucht, sich mit den Händen auf dem steinigen Boden in Richtung des sandigen Brückenbogens zu retten. Dabei hatte er sich die Fingernägel völlig abgearbeitet.

So schied der 31-jährige Hemmann am Sonnabend, dem 28. August 1859 zwischen 7 und 8 Uhr abends jämmerlich aus dem Leben.

* * * * *

„Habe die Ehre!“

Das isser: Otto Moses = „Habe die Ehre“

Wurde einem Jenaer, ob jung oder alt, die Frage gestellt: „Kennst du ‚Habe die Ehre'?“, so konnte man fast immer mit einer bejahenden Antwort rechnen. Selbst heute noch erscheint ein Lächeln auf den Gesichtern der Befragten, wenn sie auf das Jenaer Original angesprochen werden. „Habe die Ehre“ war eine Persönlichkeit, an die man sich gerne erinnert.

Er war Mitglied der Turngemeinde Jena und ein ausgezeichneter Turner. Ohne ihn waren manche Turnfiguren nicht möglich. Bei der Turnfigur „Pyramide“ z.B. war er der Untermann. Zur Turngemeinde gehörte auch eine Sängerabteilung. In den 30er Jahren unternahmen die beiden Abteilungen einen Ausflug nach Österreich. In Wien gefielen Otto Moses (so nannte man ihn mit bürgerlichem Namen) der besondere „Schmäh“, die gemütliche Lebensart, die Begrüßung „Habe die Ehre!“ Deshalb gewöhnte er sich diese Art zu grüßen an und verband den Gruß damit, elegant seine Kopfbedeckung zu lüften. Er wich so dem Nazigruß „Heil Hitler“ und dem damit verbundenen straffen Erheben des rechten Armes aus.

Im Sommer trug er einen flachen Strohhut mit schwarzem Band, eine so genannte Butterblume oder Kreissäge. Bei der jährlichen Sonnwendfeier flog dieser Strohhut ins Feuer und seine Sportkameraden überreichten ihm einen neuen Hut. Das war ein alljährliches Ritual. Im Winter bevorzugte er einen runden, steifen, schwarzen Hut. Im Volksmund war dieser als Melone oder Erbse bekannt.

Wenn er so durch die Straßen ging, beachtete er stets die Leute die ihm entgegenkamen. Personen, die ihm würdig erschienen, grüßte er mit „Habe die Ehre“. Kam keine Erwiderung, so fügte er „Danke!“ hinzu. Damit machte er den Gegrüßten indirekt auf seine Unhöflichkeit aufmerksam.

Oftmals ging er auf seinem Weg zur Arbeit, er war als Packer in der Firma Carl Zeiss tätig, einen Umweg durch das Paradies und fütterte dort die Vögel. Zum Teil fraßen sie ihm aus der Hand.

Bei einem Luftangriff am 17. März 1945 wurde auch Jena-Ost von Bomben getroffen. Dadurch verlor er seine Wohnung in der Wilhelm-Ernst-Straße (heute Geschw.-Scholl-Straße).

Nach dem Krieg zeigte er einmal einer Gruppe von Jungen seine goldene Taschenuhr. Er ließ den Deckel aufspringen und sagte: „Das ist alles, was mir geblieben ist.“

Die letzten Jahre wohnte „Habe die Ehre“ am Schlegelsberg. Am 16. April 1960 verstarb er und fand seine letzte Ruhestätte auf dem Jenaer Ostfriedhof.

* * * * *

Die Jenaer Bergbahn und die Aprilscherze

Ende der 20er, Anfang der 30er Jahre kursierten erst Gerüchte, dann wurde es offiziell: In Jena soll vom Ziegenhainer Tal eine Seilbahn auf den Fuchsturm gebaut werden. Im Allgemeinen war sich die Jenaer Bevölkerung einig: Das kommt nicht in Frage! Wir lassen unser schönes Tal nicht zerstören! Es gibt eine bequeme Fahrstraße zum Fuchsturm und das genügt! So in etwa waren damals die Meinungen der Jenenser, die sich in Briefen an die Zeitung wandten.

Die Jenzigbahn bei Jena

Eine Zeit darauf erschienen in den Jenaer Zeitungen erneut Beiträge mit dem Wunsch, eine Seilschwebebahn errichten zu lassen. Dieses Mal wurde eine Streckenführung vom Gembdental auf den Jenzig vorgeschlagen. Gegen diesen neuen Plan äußerten sich natürlich auch wieder Kritiker. Doch waren es wesentlich weniger als bei dem Fuchsturmprojekt.

Bei der projektierten Anlage handelte es sich um eine Seilschwebebahn (Bauart Bleichert-Zuegg) mit zwei Kabinen für je 18 Fahrgäste und einen Führer. Auf einer Länge von 490 Metern war eine Höhendifferenz von 175 Metern zu bewältigen, Fahrdauer drei Minuten. Fahrpreis: Bergfahrt 50 Rpfg, Talfahrt 35 Rpfg (Reichspfennig). Die Baukosten sollten sich auf rund 300 000 RM (Reichsmark) belaufen.

Die Fotomontage zeigt deutlich, dass die Proportionen nicht zueinander passen. Das Größenverhältnis der Kabinen zum Berg und zur Länge der Strecke stimmt nicht. Kurz und gut – aus dieser Sache wurde auch nichts.

Dieses alte Thema hatte ich einmal in DDR–Zeiten als Aprilscherz aufgegriffen und die Absicht geschildert, einen Sessellift auf den Jenzig, in der Nähe der Siedlung Sonnenblick, zu errichten.

Lustig waren die telefonischen und schriftlichen Einwände gegen dieses Vorhaben. Die größte Anzahl der Bewohner befürchtete den Einblick der künftigen Passagiere in ihre Schlafzimmer.

Im Jahr 1999 nahm sich Jena-TV des Themas „Bergbahn-Variante“ an. Dieses Mal hatten wir die Nordseite des Jenzig als Standort für die Anlage ausgewählt. Die Talstation für den Doppelsessellift platzierten wir in die Schrebergartenanlage „Am Talstein“. Die Seilbahn führte seitlich am Schloss Talstein vorbei auf die große Wiese hinter dem Jenzighaus. Eine fast baumlose Schneise am Jenzig-Nordhang bietet sich geradezu für diese Streckenführung an, so berichtete Jena-TV.

So ablehnend wie früher bei ähnlichen Planungen zeigte sich diesmal die Jenaer Bevölkerung nicht; wenn es auch wiederum ein Aprilscherz war. Doch allein das fehlende Geld ließ wiederum die Undurchführbarkeit des Vorhabens deutlich werden.

Eine Seilbahn auf den Jenzig wäre für Jena sicher eine Attraktion. Es muss ja nicht gleich eine Kabinenbahn sein. Ein Doppel-Sessellift würde schon ausreichen.

In 25 Jahren ist wieder ein Jubiläum. Die Jenzig-Gesellschaft besteht dann 125 Jahre. Vielleicht wäre das der Anlass, das Projekt tatsächlich zu verwirklichen. Als Aprilscherz wäre die Geschichte dann nicht mehr geeignet.

* * * * *

„Hingfong“

Ein hagerer Mann, eine nicht sehr gepflegte Erscheinung, das war „Hingfong“. Er war in allen Jenaer Apotheken bekannt. Wenn er es sich finanziell leisten konnte, kaufte er dort Hingfong, eine scharfe Kräuteressenz. Zwei, drei Tropfen auf ein Stück Zucker, so wurde Hingfong, ein Mittel gegen Kopfschmerzen, Magenverstimmungen usw., eingenommen. „Hingfong“ trank Hingfong allerdings wie Wasser.

Er trank aber auch andere seltsame Flüssigkeit wie Wasser:

Hinter dem Capitol in der Paradiesstraße 1 befanden sich zwei Geschäfte. Einmal die Fleischerei Thyrolf (später wurde hier Eis produziert) und daneben das Lebensmittelgeschäft Thyrolf. Es war Mitte der 50er Jahre. Hingfong war im Laden. War er wieder einmal in Geldschwierigkeiten, dann klapperte er diese Geschäfte ab, um seiner Sucht zu frönen.

Wir erlebten folgenden Dialog: „Kurt, kannste mir mal die Flasche voll machen?“ Dabei reichte er eine schmuddelige Klarglasflasche mit einem langen, schlanken Hals über den gläsernen Ladentischaufsatz. „Hingfong“ wollte Essig. Herr Thyrolf hielt die Flasche unter den Glaszylinder, öffnete den Hahn und im Nu war die Flasche bis zum Rand gefüllt. „Oh, die ist mir aber jetzt voll geworden“, sagte er. „Das macht nischt, gib se mir rüber, da nehm' ich gleich 'en Schluck. Ich habe heute sowieso noch nich' gefrühstückt.“ Und tatsächlich: „Hingfong“ setzte die Flasche an und trank den blanken Essig in großen Zügen. Und schon war der lange, schlanke Hals der Flasche leer. So erlebten wir „Hingfong“ einmal in Aktion.

Das „Blumenröschen“

Ein bekanntes Jenaer Original war die in Kunitz geborene Johanna Rosina Schlegel (1844–1915). Eine Frau von abstoßender Hässlichkeit, das „Kunitzer Blumenröschen“, so wurde sie genannt. Sie war eine alltägliche Erscheinung in Jena und gehörte zum Stadtbild wie der Hanfried. Bei Festlichkeiten und an jedem Sonntag bot sie auf dem Marktplatz in Jena ihre Blumensträuße an.

Bei Stiftungsfesten der Studenten erschien sie grundsätzlich in den Farben der betreffenden Verbindung. Geschäftstüchtig war sie. Auch wenn sie dadurch noch reizloser wirkte als ohnehin schon, verkaufte sie ihre ärmlichen Sträußchen gut; vielleicht gar wegen ihrer Hässlichkeit. Nicht selten trank sie einen halben Liter Lichtenhainer Bier „auf das Wohl des edlen Spenders“. Auf- und abmarschierend stimmte sie dann oft ein Lied an, das, zum Steinerweichen falsch gesungen, Menschen rasend machen konnte“.

Wenn die Jungen ihr hinterherriefen: „Röschen, deine Blumen stinken!“, da durften sie sich nicht in ihrer unmittelbaren Nähe aufhalten. Schnell hätten sie sich eine Ohrfeige eingefangen oder wären gar angespuckt worden.

„Blumenröschen“ vor dem Hanfried auf dem Marktplatz

Ein Gedicht von Franz Strelzik unterstreicht die Persönlichkeit des Jenaer Originals.

Das Kunitzer Blumenröschen

Schaut doch mal das Röschen an,
Wie sie heut sich fein getan
Eine Bluse, weiß, von Seide,
Zwar ein wenig durchgewetzt
Und für Formen anderer Weite,
Doch, da oben wird ersetzt,
Was dem Röckchen unten fehlt.
Kurz, wie sich's der Backfisch wählt.
Seidenstrümpfe, blutigfarben,
Jeder Ochse scheut davor,
Lackschuh mit des Alters Narben
Und der Lack im Trauerflor,
Rücken fiedelbogenkrumm,
Latscht sie überall herum.
Blumen bringt sie, wenig frische,
Meist so welk wie ihr Gesicht.
Und sie stellt sich stumm zu Tische,
Kaufst Du nicht, so geht sie nicht.
Und das Blumenröschen hat
Stets Gesellschaft durch die Stadt.
Buben, Mädchen, böse Rangen,
Necken sie und zieh'n am Rock.
Und sie sind gar schwer zu fangen,
Fürchten auch nicht Schirm und Stock,
Röschen schimpft und läuft davon
Vor der kleinen Rotte Hohn.
Ja, ich glaub', sogar im Himmel,
Kömmt das Röschen mal hinzu,
Lassen kleine Engellümmel
Lärmend, neckend ihr nicht Ruh.
Und der Herrgott sieht's und lacht
Grad wie's hier der Schutzmann macht.

Udet – Flugtag 1926 in Jena

Am Sonntag, dem 18. April 1926, um 11.30 Uhr, gerade als das Marktkonzert begann, flog der kühne Pilot Ernst Udet mit seiner Maschine über die Stadt. Im Tiefflug umkreiste er die verschiedenen großen Jenaer Schornsteine und den Kirchturm der Stadtkirche. Am Jenzig flog er tolle Kapriolen, glitt ganz tief den schmalen Aufstieg zum hinteren Jenzig entlang, um dann wieder glücklich auf der Wiese zwischen Zwätzen und Kunitz zu landen.

Das war gewissermaßen der Auftakt der und die Erinnerung an die an dem Nachmittag stattfindende Flugschau.

Im Gegensatz zum Großflugtag 1924 war diesmal am Anfang der Veranstaltung das Wetter nicht so gut. Es herrschten frische Temperaturen, Regenschauer gingen kurz vor Beginn der Flugschau nieder. Dann aber tauchten Haufenwolken auf, zwischen denen die Sonne schien.

In rascher Folge transportierten die Pendelzüge und die Straßenbahnen Tausende von Besuchern nach Zwätzen. Große Menschenmassen säumten mit Fahrrädern, Autos und Geschirren die Wiesen zwischen Zwätzen und Kunitz. An den Hängen der umliegenden Berge, am und auf dem Jenzig, an und auf der Kunitzburg standen die Menschen in froher Erwartung auf das kommende Kunstflugspektakel.

Die Eintrittspreise waren so mäßig gehalten, dass man das Publikum wirklich auf dem Flugplatz erwarten konnte und nicht als „Nassauer" rundherum im Gelände.

Es standen drei Doppeldecker bereit. Udets „Flamingo", rot mit silberglänzenden Duralumin-Tragflächen, mit 80 PS und luftgekühltem Siemens-Sternmotor. Des Piloten Oeltzschners graue „Hummel" mit 200 PS, Benz-Motor und die dunkle „Cläre Meisterknecht", von

der der Fallschirmpilot seine Absprünge ausführte.

Die Vorstellung begann pünktlich. Udet erwies sich als Beherrscher der Luft. Tollkühne Luftsprünge, Überschläge, Rückenflüge, Loopings, Trudeln usw. hielten das zahlreiche Publikum in atemloser Spannung und dieses geizte nicht mit lautstarkem Beifall. Auch die „Nassauer“ von den Hängen am Jenzig und an der Kunitzburg quittierten die tollkühnen Leistungen mit Beifall. Es war ein regelrechtes Volksfest. Wie auch schon zum letzten Flugtag vor zwei Jahren spielte die Köcher'sche Kapelle zur musikalischen Unterhaltung. Entsprechend der Witterung gab es auch heißen Kaffee und natürlich die Thüringer Rostbratwürste.

Während Udet seine Luftspiele mit den bunten Ballons vorführte, diese mit der Luftschraube zerstörte, wurden mit den beiden anderen Flugzeugen die Passagiere in die Luft befördert und konnten so das seltene Bild ihrer Heimat von oben genießen.

Viele Teilnehmer beteiligten sich am „Höhenschätzen“. Die Zahl der richtigen Lösungen überstieg die der zur Verfügung stehenden Preise und so musste das Los entscheiden.

Punkt 5.00 Uhr vollzog sich unter atemloser Spannung der Fallschirmabsprung des berühmten Piloten Meisterknecht aus 2000 Metern Höhe. Kurz nach dem Absprung öffnete sich der große Schirm und im Sonnenglanz schwebte der wagemutige Pilot der Erde entgegen. Mit zwei Fähnchen winkte er dem Publikum zu und landete wohlbehalten neben einem Baum auf der Wiese.

Als Abschluss seines offiziellen Programms führt Ernst Udet sein fliegerisches Glanzstück vor. Mit einer Vorrichtung am Ende der Tragfläche hebt er im Tiefflug ein auf der Wiese liegendes Tuch auf. Mit orkanartigem Beifall bedankt sich das Publikum für diese Meisterleistung.

Dass Udet auch den „Zaungästen" Verständnis entgegenbrachte, zeigt die Tatsache, dass er zu ihrem nicht geringen Schrecken seine Kapriolen dicht vor den Nasen einer solchen Ansammlung an den Berghängen ausführte. Angesichts des nun schönen Wetters stieg die Lust zu fliegen. Es fanden noch eine ganze Anzahl Passagierflüge statt. Die Nachfrage war aber so groß, dass die „Cläre Meisterknecht" noch bis zum Montag blieb und mit ihrem Piloten noch mehrere Rundflüge durchführte.

Hochbefriedigt strömten die Menschenmassen der Straßen- und Eisenbahn zu und fuhren nach Hause. Dieses Ereignis war noch lange Gesprächsthema in unserer Stadt.

* * * * *

Der Pathologe

Wilhelm Müller betätigte sich 45 Jahre auf dem Gebiet der pathologischen Anatomie. In dieser langen Zeit führte er mehr als 10 000 Sektionen durch. Darunter auch an seiner Frau und drei seiner Kinder. Im Verlauf der Jahre wurde er unter dem Namen „Leichenmüller“ bekannt.

Als Pathologe war er darauf versessen, nach Möglichkeit seine wertvolle Gallensteinsammlung zu vergrößern. Wenn er andere Institute besuchte, um dort Sektionen auszuführen, erhielt der Sektionsgehilfe die Weisung, darauf zu achten, dass kein Stein mitgenommen werde.

Als Wilhelm Müller eines Abends einige Freunde bei sich zu Tisch geladen hatte, fiel ihm beim Zerlegen des Bratens seine Krawattennadel in die Soße. Er fischte sie wieder heraus mit den Worten: „So ein Leckermäulchen. Heute Mittag fiel sie mir bei der Sektion in die Bauchhöhle und jetzt in die Bratensoße. Begreiflicherweise war den Gästen der Appetit vergangen.

* * * * *

Mord am Jenzig

In den Mittagsstunden des 31. August 1921 eilte die Kunde grausiger Verbrechen durch die Stadt. Ein in Jena-Ost geborener und auch dort wohnhafter junger Mensch soll wegen Mordes und mehrfachen Totschlags verhaftet worden sein. Die Ermittlungen ergaben folgenden Tatbestand:

Das elfjährige Schulmädchen Martha Luge aus der Camsdorfer Straße in Jena-Ost wurde seit zwei Tagen vermisst. Ihr Verschwinden brachte man mit dem 27-jährigen Maschinenarbeiter Willy Wenzel, Feldstraße 15, lebte auch in Jena-Ost, in Verbindung.

Dieser gestand, das Mädchen auf seinem Berggrundstück am Jenzig getötet zu haben. In scharfen Verhören bekannte sich Wenzel schließlich zum fünffachen Mord. Er hatte bis dahin mehrere Menschen umgebracht:

Am 1. August 1917
die 19-jährige Alma Spindler aus Kraftsdorf,
am 1. oder 2. Februar 1918
seine beiden Komplizen, die Einbrecher Paul Luft
und Karl Neubert,
am 19. November 1920
die 16-jährige Martha Eisenschmidt aus der
Ackerstraße in Jena-Ost,
am 20. August 1921
die 11-jährige Martha Luge aus der
Camsdorfer Straße.

Mit Alma Spindler unterhielt Wenzel ein Liebesverhältnis. Aus Eifersucht will er sie bei Kunitz in die Saale gestoßen haben. Seine beiden Kumpane Luft und Neubert hatte Wenzel angeblich in seinem Berggrundstück am Jenzig im Streit erstochen. Mit Martha Eisenschmidt bestand ebenfalls ein Verhältnis, welches nicht ohne Folgen geblieben sein soll. Deshalb hat er die ahnungs-

Mörder Wenzel (li), daneben Luft und Neubert, welche er später ebenfalls umbrachte

los neben ihm auf der Bank sitzende Frau mit einem Dolchstoß getötet. Die kleine Martha Luge hatte er vom Griesbad in sein Berggrundstück gelockt und sich dort an ihr vergangen. Danach brachte er ihr zwei schwere Kopfverletzungen bei, durchtrennte ihre Kehle, zuletzt schnitt der Lustmörder noch die Genitalien heraus.

Im Berggrundstück fand man die Skelette von Luft und Neubert. Die Leiche der Eisenschmidt hatte der Mörder zerstückelt und stückweise an verschiedenen Stellen in seinem Berg verscharrt. Die Leichenteile wurden ausgegraben. Die Eltern identifizierten ihr Kind an den künstlichen Zähnen.

Die fürchterlich zugerichtete Leiche der kleinen Martha Luge wurde in einem Sack hinter einer Mauer gefunden. Die Leiche der Alma Spindler fehlt. In aller Ruhe, Pfeife rauchend verfolgte der Mörder die Ausgrabungen.

Inzwischen hatte sich am Tatort eine fast tausendköpfige aufgebrachte Menschenmenge angesammelt, die beim Rücktransport versuchte auf den Mörder einzudringen. Nur mit äußerster Not und Mühe war es den Beamten möglich, den Mörder zu schützen, ins bereitstehende Auto zu bringen und ihn in schnellster Fahrt der wütenden Volksmenge zu entziehen. So mancher Hieb und Wurf traf die schützenden Beamten.

Willy Wenzel wurde am 11. Mai 1894 in Wenigenjena geboren. In seinen Jugendjahren wandte er sich einer Wanderbewegung zu und fand auch Anschluss bei der kommunistischen Jugend. Als aber Gerüchte auftauchten, trennte sich die Partei von Wenzel. Während der Revolutionszeit spielte er eine dunkle Rolle. Seine Frechheiten bei den ländlichen „Requisitionen“ von Waffen, Munition, Lebensmitteln usw. hatten ihm den Namen „Schrecken von Laasan“ eingebracht. In seiner Behausung und im Berggrundstück fand man eine reichhaltige Waffensammlung wie Karabiner, Dolche, ein schweres Maschinengewehr, Handgranaten und 30 Seitengewehre.

Wenzel kleidete sich stets nach Wandervogelart. Er war nicht groß und durch seine hinkende Gangart ziemlich stadtbekannt. Seit 1912 war er ununterbrochen bei der Firma Schietrumpf & Co. am Camsdorfer Ufer beschäftigt.

Die drohende Haltung der aufgebrachten Menschenmenge gegen den Mörder Wenzel veranlasste die Behörden, ihn vorzeitig aus der Polizeihaft ins Landgerichtsgefängnis nach Weimar zu überführen. Dort hat sich der Mörder Wenzel in der Nacht vom 2. zum 3. September 1921 erhängt.

Noch viele Jahre danach konnte man auf der Straße von Kindern hören:

In Jena an der Saale
Am Jenzig Nummer Siem (Sieben),
Da wohnt der Mörder Wenzel
Und macht aus Mädchenblut Parfüm.
Aus den Füßen macht er Sülze,
Aus dem Bauch macht er Speck.
Aus dem Arsch macht er Schinken
Und das andere wirft er weg.

Erschossen, erschlagen... Jenaer Morde in den 30er Jahren

Am 25. März 1932 durcheilte eine Schreckensnachricht unsere Stadt. Oberlandesgerichtsrat Meurer hatte seine Frau, seine Eltern, seine beiden jugendlichen Söhne, eine sich zufällig in seiner Wohnung aufhaltende Frau und dann sich selbst erschossen.

Im November ermordeten der Maurer Hahn und der Arbeiter Löffler die Ehefrau Weißenborn und vergruben sie in der so genannten Toten Saale (unterm Jenzig). Am 6. April 1933 wurden sie für ihre Tat zum Tode verurteilt.

Der Buchhalter Möller verletzte am 29. März 1933 den Geschäftsführer Jäckel tödlich durch drei Schüsse und brachte sich selbst durch einen Kopfschuss um.

Am 18. Januar 1937 wurden die seit Weihnachten vermisste Frau Gaar und ihr Vater, der Rentner Oskar Wild, ermordet aufgefunden. Den im gleichen Haus wohnenden 36-jährigen Hans Hedrich ermittelte man als Mörder und nahm ihn fest.

Im Gasthof zu Großlöbichau wurde am 3. März 1937 die Verhandlung des Weimarer Schwurgerichts gegen den 51-jährigen Reinhold Dähnhardt aus Kleinlöbichau eröffnet. Dieser hatte am 11. August 1936 seinen Schwiegervater, den 70-jährigen Bauern Albin Engelhardt, erschlagen. Am 4. März 1937 wurde er dafür mit 15 Jahren Zuchthaus und 10 Jahren Ehrverlust bestraft.

In der Nacht zum 3. Mai 1937 erschoss der 36-jährige Kaufmann Otto Reimann die 22-jährige ledige Hilfsarbeiterin Ilse Patzer und deren Kind Rita in der gemeinsamen Wohnung. Reimann, der sich selbst einen Schuss beigebracht hatte, erlag einige Tage darauf in der Klinik seinen schweren Verletzungen.

Ernst Abbe und der Zigarrendieb

Ernst Abbe

In einer alten Zeiss-Werkzeitung wird eine nette Geschichte geschildert. Professor Ernst Abbe war ein starker Raucher. In seiner Studierstube zu Hause und früher auf der Sternwarte im Schillergarten, wo er oft Nächte hindurch arbeitete, rauchte er immer die langen Tonpfeifen. Im Betrieb jedoch war die brennende Zigarre sein ständiger Begleiter. Schon damals gab es Räume, wo das Rauchen untersagt war. Da pflegte er, wie es sich gehört, die Zigarre, bevor er in den Raum trat, abzulegen. Rauchverbot war auch in der Buchbinderei und Sattlerei.

Meister Trillhof schildert die Begebenheit mit dem Rauchverbot so: Wenn Abbe die Sattlerei besuchte, und das tat er oft, so legte er die Zigarre immer draußen auf dem Fensterbrett ab. Eines Tages kam er, kurz nachdem er die Sattlerei verlassen hatte, nochmals zurück und meinte: „Ich weiß nicht, immer, wenn ich die Sattlerei besucht habe, ist nachher meine Zigarre verschwunden." Die Sattler versicherten Abbe, sie wollten den Missetäter schon ausfindig machen. Sie besorgten etwas spanischen Pfeffer und beim nächsten Besuch von Abbe wurde seine Zigarre damit eingerieben.

Am nächsten Tag kam einer der tüchtigsten Angestellten mit dick geschwollenen Lippen zur Arbeit, der Zigarrendieb war entdeckt! Abbe ließ ihn zu sich kommen und sagte ihm: „Nun, Sie rauchen ja so gerne Zigarren, hier haben Sie eine ganze Kiste solcher köstlichen Glimmstengel, aber lassen Sie, bitte, in Zukunft meine Zigarre auf dem Fensterbrett ruhig liegen."

Vier Mal täglich ...

Schon im Jahre 1862 wurde in Jena die Post zweimal täglich ausgetragen. Nämlich vom neuen Postamt am Löbdergraben. Dieser beeindruckende rote Backsteinbau war das Jenaer Postamt bis zum Jahr 1902. In dem Jahr wurde das neue Postamt am Engelplatz in Betrieb genommen. Im ehemaligen Postgebäude am Löbdergraben waren dann die Kämmereikasse und später, bis zum Abriss 1996/97, der Volkseigene Betrieb (VEB) Verkehrsbetriebe Jena untergebracht.

Vor dem Ersten Weltkrieg übertraf sich die Jenaer Post und trug täglich vier Mal die Post in die Häuser. Diese anstrengende Aufgabe ist deshalb sehr zu würdigen, weil seinerzeit so gut wie überhaupt noch keine Hausbriefkästen existierten. Jeder Brief wurde direkt in alle Stockwerke getragen und durch Klingeln dem Kunden persönlich übergeben. Ein Fortschritt bestand später darin, die Post durch vorhandene Schlitze in der Korridortür zu stecken. Aber immer noch mussten die Etagen erklommen werden.

Die viermalige Zustellung der Post wurde mit dem Ausbruch des Ersten Weltkrieges wieder auf die täglich zweimalige Postauslieferung zurückgenommen. Besonders zu erwähnen ist der Geldbriefträger, der täglich einmal seine Bezirke besuchte und natürlich jederzeit gern gesehen war.

Später wurden die Hausbriefkästen eingeführt. Das bedeutete eine wesentliche Erleichterung für die Postboten.

In den 70er/80er Jahren vereinfachte die Post ihre Zustellung ungemein. In den Zustellbezirken wurden zentrale Briefkästen angebracht und die Bewohner mussten sich ihre eventuelle Post dort selbst abholen. Die Kästen wurden so aufgestellt, dass kein Kunde weiter als höchstens 100 Meter laufen musste, um zu seinem Brief zu kommen. Dafür wurde aber auch die Post nur noch einmal täglich in diese Kästen zugestellt.

Den Geldbriefträger gab es allerdings noch. Die Paketpost war mit dem Auto unterwegs. Wer nicht angetroffen wurde, fand in seinem Briefkasten eine Mitteilung und musste nun sein Paket im Postamt abholen.

Seit der Wende kommt die Brief- und Paketpost täglich einmal ins Haus. Den Geldbriefträger gibt es nicht mehr. Die Gründe liegen auf der Hand. Das Risiko ist zu groß.

Gute, alte Zeiten! – Vier Mal täglich!

* * * * *

Straßensperre – das „Kettenziehen“

Herzog Johann Wilhelm verordnete am 26. Juli 1697, dass am Kirchplatz „Ketten gezogen“ werden müssen. Das „Kettenziehen“, so wurde es im Volksmund genannt, hatte lediglich den Zweck, den Gottesdienst in der Stadtkirche St. Michael nicht zu stören.

Wenn die Pferdefuhrwerke über das Kopfsteinpflaster Am Kreuz oder den Kirchplatz holperten, verursachte das erheblichen Lärm. Nachvollziehen kann man das tatsächlich, denn direkt vor der Stadtkirche und bei einem Teil der Saalstraße findet man ja heute noch ein solches Kopfsteinpflaster.

Es waren drei starke eiserne Ketten vorhanden und diese wurden gezogen:

1. vom Fleischermeister Gräfe bis hinüber zum Putzgeschäft von Knupe in der Johannisstraße (heute ungefähr: Ecke Goethe Apotheke, Weigelstraße in Richtung Zeitungskiosk Johannisstr.)
2. von der Ecke des Lüdke'schen Hauses zum Kramer'schen Kaufhaus Am Kreuz (heute etwa: ca. 15 Meter aus Richtung Eichplatz, vorbei an Buchhandlung zum Geschäft Komma 10)
3. vom Nössig'schen Zigarrengeschäft bis zum Tor der ehem. Marktmühle in der Saalstraße (heute: von Blumen-Böhme Saalstraße 1 zur Göhre)

Die Ketten waren an einer auf dem Bürgersteig aufgestellten eisernen Säule fest angebracht. Wenn die Straße gesperrt werden musste, wurden die Ketten über die Straße zur gegenüberstehenden Säule „gezogen“ und dort eingehängt. Die Sperrung für den Fuhrwerkverkehr erfolgte selbstverständlich nur während des Gottesdienstes. Um 1870 sind diese Säulen und Ketten entfernt worden.

Der Sühne- oder Schandstein

Rechts am Eingang unserer Stadtkirche St. Michael befindet sich ein Stein (ca. 50x50 cm). Dieser wird als „Sühne-“ bzw. „Schandstein“ bezeichnet. Hier mussten sich vor dem Besuch des Gottesdienstes ledige schwangere Frauen aufstellen und durften dann erst als letzte die Kirche betreten. Das war eine harte Bestrafung für die Schande und zugleich eine Sühne für den vorehelichen Verkehr mit Folgen. Deswegen der Sühne- oder Schandstein. Um die vorletzte Jahrhundertwende fand diese diskriminierende und entwürdigende Strafe endlich ihr Ende.

Der Sühne- oder Schandstein an der Stadtkirche

„Kämmer-Carl“ und der Weimarische Hof

Nur die ältesten Jenenser werden sich an den „Weimarischen Hof“ erinnern. Von dem alten Patrizierhaus Unterm Markt ist die Rede. Hier war übrigens der erste Jenaer Apotheker, Johann Fichte, ab 1560 tätig.

Am 4. Dezember 1862 erwarb der Gastwirt Christian Friedrich Kämmer das Haus und schon vier Wochen später verstarb der neue Eigentümer.

Seine Witwe hatte zuvor schon im „Engel“ praktische Erfahrungen zur Führung eines Gasthauses gesammelt und führte den „Weimarischen Hof“ dann ohne ihren Mann weiter. Ihr Sohn Carl Kämmer, der am 19. Juni 1863 geboren wurde, besuchte die Jenaer Erziehungsanstalt Zenker und lernte später im „Hotel Rheinstein“ in Rüdesheim.

Hotel Weimarischer Hof, Jena, Unterm Markt. Das führende Haus am Platze im Jahr 1937

Hotel Weimarischer Hof Jena. Palmengarten mit Musikpavillon im Jahr 1898

Am 26. Juli 1884 erbat Carl Kämmer die Genehmigung, die Schank- und Gastwirtschaft im väterlichen Hause weiter betreiben zu dürfen. Der hiesige Stadtvorstand befürwortete das Gesuch, da „Carl Kämmer gut beleumdet ist und die erforderliche Qualifikation besitzt", so hieß es.

Am 30. Juli genehmigte auch der Bezirksdirektor das Gesuch. Allerdings mit einigen Auflagen:

„Die Genehmigung gilt lediglich für die genannte Person und das genannte Lokal und wird zurückgezogen, wenn die Annahme gerechtfertigt erscheint, dass das Gewerbe zur Förderung der Völlerei, des verbotenen Spieles, der Hehlerei oder Unsittlichkeit missbraucht wird, oder das Lokal wegen Beschaffenheit oder Lage den polizeilichen Anforderungen nicht genügt."

Carl Kämmer gestaltete seinen Betrieb innen und außen völlig um. Seine behaglichen, gemütlichen Gastzimmer und seine geräumigen Gesellschaftssäle regten die Jenaer und auch Gäste der Stadt zum Besuch im „Weimarischen

„Kämmer-Carl" (Mitte) mit seinem 1000. und 1500. Studenten

Hof" an. An schönen Sommertagen saß man bei Musik in einem herrlichen Garten unter Palmen. Oft erwies sich diese Oase als zu klein.

„Kämmer-Carl" entwickelte sich immer mehr zum bekanntesten und beliebtesten Jenaer Studentenwirt. Jeder Student kannte den behäbigen Herrn im schwarzen Anzug mit einer weißen Blume im Knopfloch. In der Gaststätte spielte sich das studentische Leben in akademischen Formen ab. Der Neuankömmling wurde hier „immatrikuliert". Statt einer papiernen Urkunde erhielt er einen kleinen runden Taschenspiegel mit dem Porträt des Wirtes, den seine „Kommilitonen" einst zum „Dr. med. im vierten Semester" promoviert hatten. „Kämmer-Carl" lebte mit und für seine Studenten. Jeden Studenten, der bei ihm speiste, fragte er nach seinem Heimatort. Kurz darauf hatte dieser dann die Möglichkeit täglich seine Heimatzeitung zu lesen.

In einem Reiseführer von 1904 steht u.a.: „... im ‚Weimarischen Hof' kann man täglich in 90 in- und ausländischen Tageszeitungen blättern." Ein paar Jahre später hatte sich die Zahl auf 123 Zeitungen erhöht.

Hotel Weimarischer Hof
Aula Vimariensis

Sonntag, den 10. Januar
Großes
Dortmunder-Bier-Frühschoppen-Konzert
mit
Ausschank von Städt. Bockbier
Anfang 11¼ Uhr. Anfang 11¼ Uhr.

Abends 8 Uhr
Unterhaltungs-Musik
Eintritt frei.

Anzeige aus dem Jahr 1926

Wenn „Kämmer-Carl“ zu Pfingsten seinen „dies academicus“ ansetzte, ging es besonders hoch her. An seinem Haus flatterten die Fahnen sämtlicher Korporationen. Mitten drin hing die bunte Flagge der ehemaligen Korpsstudenten, die sich aus sechs Taschentüchern zusammensetzte. Unbedingter Burgfrieden herrschte an diesem Tage in der „Aula Vinarienzis“. Es war strengstens untersagt, irgendwelche Kontrahagen (Forderungen zum Duell d. A.) einzugehen. War die Stimmung auf dem Höhepunkt angelangt, zog „Kämmer-Carl“ an der Spitze mit seinen Gästen, alle mit einem vollen Bierseidel bewaffnet, zum Hanfried-Denkmal auf den Marktplatz. Hier hielt er eine lange Dankesrede an den Begründer der Universität, die mit einem zünftigen Salamander (Trinkbrauch d. Stud. d. A.) auf dem Marktpflaster endete. Anschließend wurden die Bierseidel geleert und der Zug trinklustiger Studenten begab sich wieder in den „Weimarischen Hof“. Punkt sechs Uhr abends wurde dann völliger Kehraus gehalten.

Als im Jahr 1904 die Universitätsmatrikel zum ersten Male einen tausendsten Studenten aufwiesen, erhielt dieser, ein gewisser Bösemann, eine goldene Taschenuhr mit Gravur und bis zum Staatsexamen einen Freitisch, einschließlich einem halben Liter Bier, im „Weimarischen Hof“. In den gleichen Genuss kam auch der 1500ste Student mit Namen Dunckhase.

Die Feier anlässlich des 350-jährigen Bestehens der Universität (1908) ließ einen dritten Freitisch entstehen. An dieser schönen Sitte, drei bedürftigen Studenten einen Gratismittagstisch zu geben, hielt man bis in die Inflationszeit fest. Übrigens, vor zwei Jahren tauchte in einem Dorf bei Jena die erwähnte goldene Taschenuhr auf.

Aber nicht nur den Studenten war „Kämmer-Carl“ zugetan, man sah ihn auch in der schmucken Uniform der Schützengesellschaft als Schützenkönig durch die Straßen ziehen.

Am 7. Dezember 1908 schloss „Kämmer-Carl" für immer die Augen. Jena erlebte eine Trauerfeierlichkeit, wie man sie höchstens beim Tode von Ernst Abbe gesehen hatte.

Die Spitze des Trauerzuges war bereits auf dem Friedhof, während sich das Ende noch in der Stadt bewegte. Unter den Trauernden befanden sich u. a. der Prorektor im Schmuck der goldenen Kette, sämtliche Korporationen in vollem Wichs, Abordnungen des Oberlandesgerichtes, das Jenaer Bataillonsoffizierkorps, staatliche und städtische Behörden, die Schützengesellschaft, deren Hauptmann er jahrelang gewesen war, Vereine und viele, viele Freunde.

Pfarrer Gramms würdigte das Leben und Wirken des beliebten Mannes. Steinmetzmeister Otto Späte schuf die Bronzebüste für sein Grab.

Es gab kaum eine deutsche Zeitung, die nicht darauf hinwies, welch unersetzlichen Verlust Jena und seine Studentenschaft erlitten hatten.

Für seine Witwe, die Kämmer-Else, war es gewiss nicht leicht, den Betrieb auf der bisherigen Höhe zu halten. Aber sie hatte lange an der Seite ihres Mannes gearbeitet, um in seinem Geist das Geschäft weiterzuführen. Die schweren Jahre des Ersten Weltkrieges und der Inflation erforderten viel Erfahrung und Können, die Erbschaft treulich zu wahren.

Am 1. September 1937 verpachtete sie den „Weimarischen Hof" an Rudolf Ast, der schon jahrelang als Wirt der „Krone" in der Grietgasse (heute Handwerkskammer) sein vortreffliches Können unter Beweis gestellt hatte. Und was der „Weimarische Hof" unter „Kämmer-Carl" geworden und gewesen war, ist er unter Rudolf Ast geblieben. Ein ausgezeichnetes Hotel, ein vorzügliches Speiserestaurant und der Treffpunkt der besten Kreise unserer alten Universitätsstadt.

Der 1937 abgeschlossene Pachtvertrag wurde 1939 in einen Kaufvertrag umgewandelt. Rudolf Ast baute mit großem Fleiß weiter aus.

Mit dem Kriegsende war dann alles vorbei. Das Hotel „Weimarischer Hof" gab es nicht mehr. Im April 1945 beschlagnahmte die amerikanische Militärverwaltung das Hotel mit der gesamten Einrichtung. Ab Juni 1945 waren die Russen die neuen Herren des „Weimarischen Hofes" und richteten ein Offizierskasino ein. Nachdem das Hotelinventar entfernt war, übergab die russische Militärverwaltung im April 1946 das Hotel der Stadt Jena. Von da an, bis zur Wende 1989/90, residierte hier der Rat des Kreises Jena-Land.

Ab Mitte der 90er Jahre wurde das Gebäude teilweise abgerissen und es entstand die Passage „Weimarischer Hof". Diese beherbergt kleinere Geschäfte, wird aber hauptsächlich von der „Müller-Drogerie", die sich über mehrere Etagen erstreckt, beherrscht.

Die Fassade des ehemaligen Hotels Weimarischer Hof im Jahr 2003

Baden in der Saale verboten!

Einer der ältesten „Lustorte" in Jena ist das Paradies. Manchmal nahm man es zu wörtlich.

An einem Augustsonntag wurden viele Burschen festgenommen. Sie hatten in der Saale gebadet und sich dann nackt im Paradies herumgetrieben. Weil es sich hierbei nicht um eine einmalige Begebenheit handelte, wurde am 13. August 1787 eine fürstlich-sächsische Polizeivorschrift mit folgendem Wortlaut erlassen:

„Vermöge eingegangenen Höchsten und gnädigsten Befehls, wird das Baden in der Saale bey 10 Rthlr. Strafe, und nach Befinden Gefängnisstrafe, der hiesigen Bürgerschaft untersagt, wonach zu achten."

Dieses Verbot wurde jedoch nicht im vollem Umfange geachtet. In jedem Jahr las man weiterhin von tödlichen Badeunfällen in der Zeitung. Eine alte Abbildung zeigt, dass sich schon um 1800 in der Rasenmühlenlache, einem Seitenarm der Saale, ein Badeplatz befand.

An dieser Stelle gab es noch um die Zeit des ersten Weltkrieges (1914) die Badeanstalten von Mammi Sachse und dem Bademeister. Er hatte einen zu seinem Beruf passenden Namen, er hieß Frosch.

Das Baden in der Saale vor rund 200 Jahren war von ständigen polizeilichen Maßnahmen und Befehlen begleitet. Die Unzuträglichkeiten hörten nicht auf. Am 21. Mai 1822 sah sich die Polizei genötigt, wieder darauf hinzuweisen, „... daß die so häufig vorkommende Unanständigkeit, daß in und an der Mühllache so nahe an der öffentlichen Straße nackt sich badende Menschen herumlaufen, ... daß dem ganzen hiesigen Publikum auffallend und lästig sei. Dem Fremden einen Begriff von großer Unsittlichkeit und Schamlosigkeit der hiesigen Inwohner geben müsse".

Das Lichtenhainer Bad, 1921 eröffnet

Daher wurde das Baden in der Mühllache bei viertägiger Gefängnisstrafe verboten.

Die Jenenser verhielten sich damals äußerst störrisch. So verbot die Polizei am 1. August 1826, dass innerhalb der abgesteckten Badeplätze Pferde abgeschwemmt werden dürften. Wer es dennoch tat, hatte einen halben Gulden Strafe zu zahlen.

Im Jahre 1834 wurde die „Flußbadeanstalt" unter der Aufsicht von Frau Kindler erst am 9. August eröffnet. Die Badelustigen hatten sich beim Pedell (Hausmeister d.A.) Lindner in der Leutragasse (Leutrastraße!) zu erkundigen, welche Stunden noch unbesetzt seien, um Karten zu lösen, damit ihnen das Badehaus geöffnet werden kann.

Unsere Großeltern hatten die Wahl, wo sie in die kühlen Fluten der Saale eintauchen wollten. So gab es das „Griesbad", in der Nähe der damaligen Gaststätte „Zum Saalestrand" (heute: „Adria-Grill"). Als zweites Flussbad in der Saale existierte das „Bad am Eisrechenwehr" schräg gegenüber dem neuen Arbeitsamt und schließlich das Stadtbad, auch das „Lichtenhainer Bad" genannt. Dieses wurde 1921 eröffnet und konnte ein Nichtschwimmerbecken auf der großen Liegewiese, Duschen, Umkleidekabinen, Liegen und eine ansprechende Gastronomie aufweisen. Das war sogar noch

Bad am Eisrechenwehr schräg gegenüber dem neuen Arbeitsamt. Im Hintergrund: Camsdorfer Ufer, darüber der Jenzig

nach dem Zweiten Weltkrieg, bis in die 50er Jahre, ein gern besuchtes Bad.

Dem „Lichtenhainer Bad“ gegenüber liegt der „Schleichersee“. Wegen seiner wärmeren Wassertemperatur ist er bis heute ein sehr beliebter Badeplatz.

In der Lache am Rähmen und an der Lachenbrücke war das Baden recht bald vorbei. So wissen hochbetagte Jenenser glaubwürdig zu berichten, dass dem, der sich verleiten lies hier ein Bad zu nehmen, die „Innereien“ vom Schlachthof (Tonnenmühle) sich um den Körper wickeln, durch die Finger gleiten oder unter den Armen durchschwimmen konnten. Es geschah oft, dass der Schlachthof die Lache zur „Entsorgung“ nutzte. Im Februar 1938 wurde dieser Seitenarm der Saale zugeschüttet.

Die Bäder in der Saale mussten wegen der starken Verunreinigung des Flusses durch Abwässer im Stadt- und Landkreis Jena im Jahr 1954 gesperrt werden.

Die Lache „Am Rähmen“ 1936

Das Kirsten'sche Haus

In der kalten Jahreszeit lag, wenn der Wind günstig stand, ein herrlicher Duft von gebrannten Nüssen über dem gesamten Marktplatz. Dieser Geruch entströmte dem Kolonialwarengeschäft Kirsten im Kirsten'schen Haus an der Marktostseite.

Vom Herbst bis zum Frühjahr gab es hier unter anderem eben die gebrannten Nüsse und Mandeln. Im Sommer dagegen gab es Eis. Für uns Kinder waren das die Merkmale für das Kirsten'sche Haus.

Das Kirsten'sche Haus Am Markt/Ecke Unterm Markt bis 1945

An der Ecke Markt/Unterm Markt stand das Kirsten'sche Haus, ein kulturhistorisches Denkmal von unschätzbarem Wert. Es fiel dem Luftangriff vom 9. Februar 1945 zum Opfer.

Das einst schlichte Gebäude wurde 1600 umgebaut und erhielt 1890 die prächtige Stuckfassade als Schauseite zum Marktplatz hin.

Die andere Hausfront, in Richtung Unterm Markt, besaß ein für die damalige Zeit typisches Rundbogenportal. Das Portal und die seltene steinerne Wendeltreppe blieben erhalten. Bis Ende 1949 waren diese Reste noch für jeden sichtbar.

Nicht nur Sachverständige hofften, dass diese Zeugen eines welthistorischen Ereignisses unter Denkmalschutz gestellt und erhalten bleiben würden.

Als das Portal und der Treppenturm im Verlauf der Trümmerbeseitigungen verschwunden waren, rechnete jeder damit, dass die betreffenden Bausteine nummeriert und sicher verwahrt seien, um zu gegebener Zeit und am passenden Ort ihre Auferstehung zu feiern. Irrtum! Die unersetzlichen Steine wurden einfach mit dem übrigen Trümmerschutt abtransportiert und damit ein Jenaer Kulturdenkmal ohne zwingende Gründe restlos vernichtet.

Nach einer Sitzung der Naturforschenden Gesellschaft in Jena im Juli 1794 schlenderten Goethe und Schiller gemeinsam durch das nächtliche Jena zu Schillers Wohnung im Kirsten'schen Haus.

Goethe: „... das Gespräch lockte mich hinein ... und so besiegelten wir einen Bund, der ununterbrochen gedauert und für uns und andere manches Gute gewirkt hat.“ Hier schlossen Goethe und Schiller Freundschaft.

Auf den Geburtstagsbrief Schillers an Goethe im Jahre 1794 antwortet Goethe: „... daß er von diesem Jenaer Aufenthalt mit einer ‚neuen Epoche' rechne.“ An anderer Stelle spricht er von dem „glücklichen Ereignis“

und dem „gütigen Schicksal“ jenes Abends im Kirsten‘schen Hause. In der Folgezeit ist er noch oft die steinerne Wendeltreppe hinaufgestiegen um den neuen Freund zu besuchen.

Das Rundbogenportal und die steinerne Wendeltreppe sind verschwunden. Sie können nicht mehr in einen Neubau integriert werden.

Die verantwortlichen Gremien in unserer Stadt und die Universität mit dem verpflichtenden Namen Friedrich Schillers sollten alles daran setzen, dem Eckhaus an der Marktostseite die Schaufassade des Kirsten‘schen Hauses wieder zu verleihen. Für einen geschickten Architekten eine dankbare Aufgabe, damit an ein kulturhistorisches Denkmal von größter Bedeutung zu erinnern.

* * * * *

Café Westend alias „Café zum nackten Mann“

Es war an einem Sommerwochenende im Jahr 1938. Genau am Sonntag, dem 19. Juni. Wir wohnten seinerzeit probehalber ein Dreivierteljahr in der Goethestraße 2 (heute Ernst-Abbe-Straße).

Von meinen Eltern erhielt ich den Auftrag im Café Westend Schlagsahne zu holen. Das Café war keine fünf Minuten entfernt (Café Westend = Goethestraße/Ecke C.-Zeiss-Platz, später Café Kosmos).

Mit einem Milchkrug machte ich mich auf dem Weg. Eine ganze Weile musste ich mich anstellen. Plötzlich gab es großen Tumult. Im Café sprangen die Leute erregt auf. Dann war wieder Ruhe. Ich bekam meine Schlagsahne und als ich den Laden verließ, standen einige Leute auf der Straße und blickten nach oben. Über dem Café war eine Freiterrasse. Dort standen die Gäste, keiner saß mehr auf seinem Stuhl. Alle blickten auf den Schornstein, der zur Bäckerei gehörte.

Dort war ein Mann hoch geklettert und begann die eiserne Schornsteinabdeckung, den Windfang, abzumontieren. Die einzelnen Teile warf er herunter, bis er auf dem Rand des Schornsteins stehen konnte.

Der „nackte Mann“, kurz bevor er sprang

Nun riss er Papiere und Papiergeld in kleine Stücke und ließ sie davonfliegen. Der Wind trug sie auf die Straße. Wie verrückt versuchten die Leute etwas von dem Geld zu erhaschen. Schließlich warf er Geldstücke unter die inzwischen stark angewachsene Menschenmenge. Es waren bestimmt 200, vielleicht auch schon 250 Personen, die das Schauspiel beobachteten.

Jetzt begann der Mann auf dem Schornstein sich auszuziehen. Jedes Kleidungsstück warf er herunter, bis er splitternackt auf der Esse saß. Um den Mann zu vertreiben, machte der Bäcker Feuer. Offensichtlich wurde es dem nackten Mann zu heiß. Er stand auf und zeigte sein Hinterteil.

Die Menschen jubelten, als sie seinen schwarzen Hintern sahen.

Von diesem Tag an hatte das Café „Westend“ seinen Spitznamen weg: „Café zum nackten Mann“ nannte der Volksmund das Café nun in Zukunft.

Inzwischen war die Feuerwehr angerückt. Sie legten Schläuche und breiteten ein Sprungtuch aus. Der Mann auf der Esse dirigierte, wohin er das Sprungtuch haben wollte. Die Feuerwehr schickte einen leichten Wasserstrahl nach oben. Da sprang er – ein Schrei des Entsetzens ging durch die Massen – nicht in das Sprungtuch, sondern nach der anderen Seite auf die Erde, wo er besinnungslos liegen blieb. Alfred Kohn, so hieß der Mann, war, wie sich später herausstellte, ein Einbrecher. Er wurde in die nahe gelegene Chirurgie ein-

Der nackte Mann springt

geliefert. Dort diagnostizierte man Rückgratverletzungen, Rippenbrüche und einen Schädelbruch.

Zur Vorgeschichte: Die beiden Einbrecher Alfred Kohn aus Kiel und Erich Katzer aus Jena setzten nach längeren Freiheitsstrafen seit mehreren Wochen ihre Einbrüche wieder fort. In Eisenberg hatten sie sich unter falschen Namen zum Kuraufenthalt eingemietet. Bei der Hausdurchsuchung fand man dort ein ganzes Lager gestohlener Schmucksachen, Fotoapparate, Uhren und andere Wertsachen, die zum großen Teil aus Einbrüchen in Halle stammten. Einen Teil der Beute hatten sie bereits in Leihhäusern und anderen Ankaufsstellen umgesetzt.

Beide wurden beim Einbruch in ein Zigarrengeschäft in der Lutherstraße überrascht. Während der eine sich mit einem Brecheisen der Verfolger zu erwehren versuchte – er konnte schließlich am Ernst-Haeckel-Platz von der Polizei überwältigt werden –, war der andere in das Café Westend geflüchtet.

Was ihn nun bewogen hatte zunächst auf den Schornstein des Cafés Westend zu steigen, Geldscheine zu zerreißen und anschließend neben das gespannte Sprungtuch zu springen, das konnte nie geklärt werden. Doch offensichtlich war er lebensmüde und wollte sich auf diese Weise seiner Festnahme entziehen.

Der gewaltige Menschenauflauf vor dem Café Westend löste sich schnell auf. Und am nächsten Tag stand es in der Zeitung.

Auch ich begab mich, noch tief beeindruckt von dem Erlebten, nach Hause. Bevor ich auf die Frage, wo ich jetzt erst herkomme, antworten konnte, hatte ich schon eine Ohrfeige eingefangen. Im Nachhinein kann ich die Aufregung meiner Eltern verstehen. Ich war sicherlich über eine Stunde weg gewesen und dass, was ich in meinem Krug hatte, war keine Schlagsahne mehr.

Café Westend, Goethestraße/ Ecke Carl-Zeiss-Platz

Am 1. Oktober 1993 war vom Café Westend alias „Café zum nackten Mann“ bzw. dem späteren Café Kosmos nichts mehr zu sehen. Nur die Erinnerung bleibt.

Café Mankel

Mit der Eröffnung des neuen Kinos im Deutschen Haus (DH) im Jahr 1936 war dort auch ein wunderschönes Café entstanden. Gepflegte Eleganz, ausgezeichnete Kaffeehaus-Musik, eine gediegene, ansprechende Atmosphäre empfing den Gast. Großflächige Fenster gewährten einen Blick auf das Stadtzentrum, den Holzmarkt.

Im Verlauf der Jahre, auch bedingt durch Eigentümerwechsel, wurden in den Innenräumen bauliche Veränderungen durchgeführt und Restaurierungen vorgenommen. Dabei war man aber immer bemüht das Anfangsniveau der gastlichen Einrichtung zu erhalten, was auch gelang.

Nach dem Zweiten Weltkrieg führte das Café Mankel die neue Bezeichnung Palast-Café „Deutsches Haus“, später dann Palast-Café – Restaurant-International.

Nach der Wende versuchte man angestrengt neue Wege zu beschreiten, um das sich langsam abzeichnende Ende zu verhindern – vergebens. 1997 wurde mit dem Abriss des Gebäudes am Holzmarkt begonnen.

Die Eröffnungseinrichtung

„Güldene Sonne“ – das Haus am Markt

Das Haus am Markt hat schon viel gesehen und viel erlebt. 1583 richtete der damalige Bürgermeister Philipp v. Herden dort in seinem Wohnhaus einen Gasthof ein. Dieser erhielt das Schankrecht für Wein und Bier für fremde Gäste, aber nicht für Einheimische. Zu heftigen Zwistigkeiten mit dem Rat der Stadt kam es, weil der Bürgermeister eigenmächtig vom Marktbrunnen Wasser in den Hof seines Hauses leiten ließ. Noch im gleichen Jahr wurde der Streit durch eine fürstliche Kommission geschlichtet.

Viel später, vom 14. bis 17. September 1818, logierte sogar Goethe in der „Güldenen Sonne“ am Markt.

Hotel Güldene Sonne, Saal um 1905

Um 1840/50 wurde durch Zusammenlegen mit dem Nebengebäude, der „Kleinen Sonne“, der Umfang des heutigen Hauses hergestellt.

Von Kriegseinwirkungen blieb die „Sonne“, wie sie von den Jenensern kurz genannt wird, weitgehend verschont. Um 1953 übernahm die Handelsorganisation (HO) die Regie. Die HO rekonstruierte, renovierte und verschaffte der gastlichen Einrichtung eine angenehme Atmosphäre.

Nach der Wende, ab 1. Juli 1991, war Hartmut Misch der neue Gastwirt in der „Sonne“. Nach nicht allzu langer Zeit stand der Gasthof zum Verkauf. Interessenten gab es, aber die Bedingungen, die diese stellten, waren unrealistisch und vom Magistrat nicht anzunehmen.

So dümpelt die „Sonne“ bis heute Jahr für Jahr vor sich hin, wird immer unansehnlicher und bietet, mitten im Zentrum unserer Stadt, einen Schandfleck.

In diesem Jahr besteht das Schankrecht für dieses Haus 420 Jahre, wobei die letzten Jahre nach der Wende wohl zu den schwersten in dieser langen Zeit gehören.

Leider, oder vielleicht sogar glücklicherweise, ist der Spruch am spätgotischen Portal nicht mehr zu sehen. Zu Goethes Zeiten konnte man dort noch lesen:

„Etwas erlangen ist ein Glücksstück, das Erlangte behalten aber ist ein Kunststück.“

Dieser jahrhundertealte Spruch kommt in der heutigen Zeit zu zweifelhafter Ehre.

* * * * *

Mit „Himmelsziege“ und „Steinspritze“ auf einer Fahrt ins Ungewisse

Vor rund 110 Jahren gab es einen Fuhrmann namens Schmidt. Um ihn von den anderen Männern gleichen Namens zu unterscheiden, nannte man ihn „Steinschmidt“, weil er am Steinweg wohnte. Er war nicht groß gewachsen, sein Geschäft war klein und sein Pferd war ein alter Gaul. Die Studenten nannten es „die Himmelsziege“.

Steinschmidt besaß auch eine Kutsche, ein etwas eigenartiges Gefährt. Sie war klein und ohne Dach. Ein Vorder- und ein Rücksitz für je zwei Personen waren

Die akademische „Himmelsziege“ mit „Steinspritze“

aber vorhanden wie bei jeder richtigen Kutsche. Die Sitzbänke waren durch einen Bock verbunden, auf dem noch eine fünfte Person rittlings sitzen konnte. Der Wagen erinnerte an die alten Spritzenwagen der Feuerwehr. Den Wagen nannten die Jenaer Studenten „die Steinspritze“. Mit der „Himmelsziege“ und der „Steinspritze“ fuhren die Studenten gerne in die umliegenden Bierdörfer. Ein Kutscher jedoch wurde nie gestellt. Die Lenkung des Gefährtes oblag den Studenten selbst.

An einem Nachmittag – im Sommer 1887 – kamen einige Mitglieder der Burschenschaft Germania zu „Steinschmidt“ und baten um das Gefährt. Damit wollten sie ins Bierdorf Ammerbach fahren. „Steinschmidt“ lehnte anfangs ab, da er am nächsten Tag für den Stadtrat eine Fuhre Sand fahren musste. Die „Himmelsziege“ sollte am Tag vorher nicht überanstrengt werden. Aber Ammerbach war ja nicht weit und das Fahrgeld wurde immer im Voraus bezahlt. Also überließ der Fuhrmann den Studenten sein Gespann.

„Nicht mit in Branntwein getränktem Brot füttern!“, forderte Steinschmidt.

Auf dem Marktplatz in Jena entschlossen sich die Studenten, nicht nach Ammerbach, sondern nach Weimar zu fahren. Nach einigen Stunden kam man dort an. Die „Himmelsziege“ wurde ausgespannt und bekam ihren Hafer. Die Studenten langten kräftig zu: Viel trinken war angesagt! Erst nach Mitternacht machten sie sich auf den Heimweg. Im Morgengrauen stellten sie fest, dass sie schon kurz vor Erfurt waren. Sie hatten, nach erhöhtem Alkoholkonsum, die entgegengesetzte Richtung eingeschlagen. Guter Rat war teuer.

Die Finanzen waren für eine mehrtägige Reise nicht vorhanden. Sie versuchten Pferd und Wagen zu verkaufen, aber die Erfurter boten lediglich 56 Mark dafür. Entschieden zu wenig. In der Gothaer Gegend wohnten einige alte Herren der „Germanen“ – die sollten helfen.

Am dritten Tag fuhr man weiter nach Gotha und alles verlief wie erhofft. Gotha wurde besichtigt und einige Gastwirtschaften besucht. Zufrieden fuhren sie endlich in Richtung Jena zurück.

In der Zwischenzeit versuchte nun „Steinschmidt“ jeden Vormittag bei den Burschenschaften zu erfahren, wo sein Gespann verblieben war – ohne Erfolg. So ging das sechs Tage lang. In der Nacht hatte er gehört, wie vor seinem Hause mit der Peitsche geknallt wurde, das war das übliche Signal, wenn jemand zurückkehrte. Tatsächlich, draußen stand sein Gefährt, aber die Insassen waren verschwunden. Er drohte: „Ich gehe bei'n Prorektor!“ Nach ein paar Tagen traf er Mitglieder der Reisegesellschaft und forderte von ihnen 60 Mark Fahrgeld. Nach schwierigen Verhandlungen einigte man sich und beide Seiten waren zufrieden.

* * * * *

Burgkellerwirt Gottlob Dietsch, ein „Gläubiger“

Zu den bekanntesten Jenaer Bauwerken gehörte der im Renaissancestil 1546/47 errichtete, dicht an der Westseite der Stadtkirche gelegene Burgkeller. Das für Jena typische Rundbogenportal mit muschelverzierten Pfeilernischen und Konsolsitzen verlieh dem Gebäude ein würdiges Aussehen.

Der Burgkeller

Gottlob Dietsch

Der Burgkeller ist mit der Geschichte Jenas und der Burschenschaft eng verbunden. Hier fand am 24. Juni 1547 jene denkwürdige Begegnung des Kurfürsten JOHANN FRIEDRICH (genannt HANFRIED) mit seinen Söhnen statt, in deren Verlauf die Verlegung der Universität Wittenberg nach Jena beschlossen wurde.

Herzog WILHELM erlaubte 1731 gegen entsprechende Zahlungen, dass im Burgkeller „zwei Billarde" aufgestellt sowie Kaffee und Tee ausgeschenkt werden durften. 1735 überraschte er seine Untertanen mit neuen Besteuerungen, die ihn allgemein verhasst machten. Bei jedem Regierungswechsel seien sämtliche Privilegien und Konzessionen zu erneuern und widerspruchslos von den Lehnträgern zu bezahlen.

Die höchsten Schankkonzessionen hatten der „Bären" und eben der Burgkeller mit je 600 Gulden zu zahlen. Das war ein herrliches Geschäft für die Landeskasse.

Zu einer der bemerkenswertesten Persönlichkeiten unter den Jenaer Gastwirten gehörte Gottlob Dietsch, ein echtes Jenaer Original.

Am 1. Mai 1836 übernahm er mit seinen Kellnern „Herkules", „Barnabas" und „Portorico", auch „Schweinsleder" genannt, das Gasthaus. Ein alter ausgedienter Lehnstuhl war sein Thron. Der originelle alte Dietsch pflegte an den Tischen umherzugehen und nahm die Bestellungen der einzelnen Gäste entgegen. Schließlich rekapitulierte er das Bestellte, indem er mit dem Zeigefinger auf die einzelnen Besteller hinwies und dann wiederholte: „Sie Rind, Sie Schöps, Sie Schwein, Sie Kalb" usw.

Altes Kneippzimmer a. d. Burgkeller. Die kleinen Bilder an den Wänden zeigen Mitglieder der Burschenschaft, die in Jena studier(t)en. Scherenschnitte waren die Vorläufer von Fotografien. Auf der Rückseite sind Namen und Semester vermerkt. Eine alte Tradition, die noch heute gepflegt wird.

Was man am Abend verzehrte, wurde fast nie bar bezahlt. Der Verbindungskellner notierte alles auf einer schwarzen Tafel. Man konnte somit eine genaue Kontrolle üben. Der Pump wurde den Studenten förmlich aufgedrängt.

Es kam darum vor, dass Dietsch seine Kellner fragte: „Wie viel hat der oder der getrunken? Gab der Kellner eine Zahl an, dann erwiderte der alte Gottlob Dietsch: „Du, der hat mehr gesoffen. Damit aber keinem Unrecht geschieht, schreibe jedem ein oder zwei Glas mehr an!"

Am nächsten Morgen fand die Übertragung auf die große Tafel statt. Nun konnte man wieder kontrollieren, was sich dann aber mitunter etwas schwieriger gestaltete. Jedenfalls ging hierbei oft der Überblick verloren.

Dem guten Dietsch war es ganz recht so, wenn die Gäste bei ihm in der Kreide standen. Denn so manches Bier, das am nächsten Tag auf der Tafel stand, war nicht unbedingt auch getrunken worden.

Dietsch animierte seine Gäste geradezu auf Rechnung zu essen und zu trinken. Und wenn jemand schwach bei Kasse war, sagte er: „Lasst's doch stehen. Es ist mir sowieso angenehmer, ich bekomme die Summe auf einmal." War der Gast aber erst im „Pumpbuch" drin, kam er meistens nicht wieder heraus.

Zweifelte der Gast an der Buchführung des Wirts, dann hieß es: „Ja, ja, so geht's, essen und trinken könnt ihr, aber wenn es ans Bezahlen geht, habt ihr kein Geld. Bezahlt doch immer gleich bar, dann habe ich keine Schreiberei und ihr keine Schulden."

Jedes Studium ging einmal zu Ende. Bevor man die Universität verließ, wurde vom Wirt ein Ehrenschein über die Schuldsumme erstellt und eine Verzinsung von vier oder fünf Prozent vereinbart. Es ist fast unglaublich, welche Summen in den alten Pumpbüchern von 15 und mehr Jahren ausstanden.

Doch in den großen Ferien, zweimal im Jahr, unternahm Gottlob Dietsch dann so genannte „Tretreisen" und erschien unerwartet bei seinen Kreditnehmern. Freundlich grinsend forderte er sein Geld. Kosten für Reise, für Verzehr und Übernachtung wurden natürlich zusätzlich berechnet. Zahlte man nicht, quartierte sich Dietsch in der Nachbarschaft seines Schuldners ein und bat ihn zu einem Abend ins Wirtshaus.

Nachdem er sich in der Gesellschaft des Schuldners als intimer Freund des Betreffenden hinreichend bekannt gemacht hatte, begann er sich scheinbar mörderisch zu betrinken und machte den Zahlungspflichtigen schlecht. Spätestens dann war man interessiert den „Freund" wieder los zu werden. Am nächsten Morgen wurde bezahlt.

Auf einer solchen Reise ereilte Gottlob Dietsch am 15. November 1856 in Brittnau im Kanton Aargau in der Schweiz, der Tod.

Die zwei Schuldner im Ort taten sich zusammen und spendeten die Beisetzung. Auf dem Grabstein stand:

„Hier ruht Gottlob Dietsch
Gastwirt aus Jena.
Er war ein Gläubiger“

Am 19. März 1945 wurde infolge eines Luftangriffs auch der Burgkeller völlig vernichtet. Übrig blieb lediglich das eingangs beschriebene Renaissance-Portal.

Ungefähr an der gleichen Stelle befindet sich heute die Goethe-Apotheke.

Burgkeller-Portal mit Universität nach der Zerstörung

Konditorei & Konzert-Café Wienke

Daran werden sich sicherlich wenige Jenaer erinnern; nur die alten Jenenser können es vielleicht noch in die ehemalige Stadtlandschaft einordnen.

Am 24. Juli 1920 eröffnete in der Johannisstraße das Café Wienke. Dort, wo sich heute die Tourist-Information und das Geschäft für Raumtextilien befinden, hatte sich das Café etabliert.

Im Verlauf der Jahre wurde es mehrfach renoviert und entsprechend den neuesten Anforderungen an ein modernes Café gestaltet.

Zuletzt wies es für Jena eine einmalige Besonderheit auf. Das Café erstreckte sich über zwei Etagen. Im Erdgeschoss war am Eingang der Verkauf von Kon-

Konditorei & Konzert-Café Wienke in der Johannisstraße

ditoreiwaren und durch eine Glastür betrat man das eigentliche Café. In halber Höhe war das Podium für die Kapelle. Die Decke zum ersten Geschoss zeigte eine geschmackvolle große, ovale Öffnung. So konnten die Gäste, ob sie nun unten oder oben saßen, die Kapelle nicht nur hören, sondern auch sehen. Eine sehr schöne Möglichkeit die tägliche Kaffeehaus-Musik zu genießen.

Die größten Billardsäle Thüringens gehörten ebenfalls zum Café Wienke. Sie befanden sich im rückwärtigen Teil des Gebäudes in Richtung Jenergasse.

Noch kurz vor dem Ende des Zweiten Weltkrieges, 1945, fiel das Haus einem Bombenangriff zum Opfer.

* * * * *

Jenaer „Schnärzchen“

Der Orientalist

Von 1900 bis 1910 unterrichtete der Hofrat Eugen Wilhelm Latein und Griechisch am Jenaer Gymnasium Carolo-Alexandrinum.

Er war ein Sprachgenie und beherrschte an die 70 orientalische Sprachen. Auf Grund seiner Sprachkenntnisse war er sehr eingebildet und eitel. Im Verlauf eines Vortrages im Unterricht verstieg er sich zu der Äußerung: „Es gibt nur zwei berühmte Orientalisten in Deutschland. Der andere sitzt in München und ist mein Sohn.“

Das alte Gymnasium gegenüber dem Anatomieturm, heute McDonalds

Zu anderem Anlass erzählte er: „Auf dem letzten Orientalistenkongress hatte man die bedeutendsten Männer immer zwischen zwei Fürstlichkeiten gesetzt. Rechts von mir saß der Erzherzog Xaver und links der Herzog Theodor von Bayern.“

Die schwarze Flagge

An der Jenaer Universität las in den Jahren 1910 bis 1914 Professor Dinger über Dramaturgie. Er besaß ein Haus am Landgrafen. Seine Söhne nutzten die Freiheit oben am Landgrafen zum Spielen und Herumtoben, so blieb wenig Zeit für Schulaufgaben. Es kam, wie es kommen musste. Hin und wieder blieb einer von den vier Söhnen in der Schule sitzen. Darüber wurde im Hause Dinger nicht viel Aufheben gemacht.

Als aber in einem Jahr zu Ostern alle vier Söhne das Klassenziel nicht erreichten, war es dem Professor doch zu viel geworden und er hisste eine schwarze Flagge auf seinem Haus, um so aller Welt seinen Schmerz über seine sitzen gebliebenen Söhne kundzutun.

Im späteren Leben und im Beruf wurden seine Söhne dann doch rechtschaffene Bürger. Einer von ihnen war z. B. Augenarzt in Köln.

Wer aber als Student einmal wirklich fröhlich lachen wollte, der ging in Dingers Kolleg über die Shakespearischen Königsdramen, wo Dinger dann im schönsten Dresdner Sächsisch die heroischen Dramen agieren ließ.

Karl August von Hase (1800–1890)

Der bedeutende Jenaer Kirchenhistoriker hatte sich einmal den Unwillen der Studenten zugezogen. Dafür warfen sie ihm mit Steinen die Fenster ein. Zum Semesterschluss lud von Hase seine Studenten zu einem geselligen Abend in sein Gartenhaus (v. Haseweg) und verteil-

Karl August von Hase (1800–1890)

te – wie immer – kleine Andenken. Einer der Studenten erhielt in einem Etui eine goldene Krawattennadel mit einem Brillanten. Beigelegt war ein Zettel und darauf stand:

„Die Steine, die durchs Fenster pfiffen,
Die Steine waren ungeschliffen!“

„Ihr Brummochsen“

Es gibt Worte, die in manchen Gegenden sehr übel genommen werden, und woanders findet man nichts dabei. Wenn man in Jena und Umgebung zu einem kleinen Mädchen sagt „Du kleenes Schindluderchen“ und ihren kleinen Mund „Mäulechen“ nennt, freut sie sich genauso, als wenn man ihr an der Zuckerbude eine Tafel Pfefferminze kaufen würde.

Genauso ist das bei uns mit den Worten „närrscher Kerl“ oder eben „Brummochse“.

Da hat einmal jemand aus Zwätzen auf dem Jahrmarkt einen so genannten Kattunmann aus Merseburg als „Brummochsen“ bezeichnet. Daraufhin verklagte der vermeintlich Beleidigte ihn beim Friedensrichter, gab sich aber mit dessen Urteil nicht zufrieden und rief das Amtsgericht an.

Damals war Armin Schwarz Amtsrichter. Dieser kannte sich „auf dem Dorfe“ aus und war mit den meisten Bauern dort auch per Du. Der Amtsrichter hörte sich die Sache an und bestimmte, dass der vermeintliche Beleidiger freizusprechen sei, weil in und um Jena herum „Brummochse“ kein Schimpfwort und somit nicht als Beleidigung aufzufassen sei.

„Ist das wahr, Herr Amtsrichter“, fragte der Kattunmann nach der Urteilsverkündung, „dass Brummochse keene Beleidigung ös?“ „Ja, ja, lieber Mann, seien Sie nur vernünftig und beruhigen Sie sich. Das ist überall verschieden. Hier bei uns nimmt das Wort niemand übel und es gilt tatsächlich nicht als Beleidigung", spricht der Amtsrichter. „No, wenn das su ös, dann adje, ihr Brummochsen!" (nach August Ludwig)

Aus der Jenaischen Zeitung 1915

Befehl!

Am 7. August untersagte das Generalkommando des 11. Armeekorps die Herstellung und den Verkauf von *Schlagsahne*. Bei Zuwiderhandlungen gegen dieses Verbot wird mit Gefängnisstrafe bis zu einem Jahr gedroht.

Die Leichenfrau

Klara Hädrich blickt in diesem Monat auf ihre 25-jährige Dienstzeit zurück. Im Verlauf dieser Jahre hat sie annähernd 4000 Leichen zur ewigen Ruhe gebettet. So wie sie ihr schweres Amt versah, war die vorgesetzte Behörde zufrieden.

Fremdwörter

Auf die Verfügung des Gemeindevorstandes hin sind die hiesigen Gewerbetreibenden eifrig damit beschäftigt, Firmenschilder und andere Gegenstände abändern zu lassen. Restauration, Hotel, Café verschwinden unter dem Pinsel des Malers. Es gibt dann kein „Café Passage" mehr, sondern „Kaffeehaus Morgenstern" usw. So viel Veränderungen werden in unserer Stadt beim Kampf gegen die Fremdwörter vorgenommen, dass einem zunächst manches noch „fremd" vorkommt.

Ein Jenaisches Abc

Mit ***A**bbe* fängt es würdig an, dem edlen, hochverdienten Mann.

Den ***B**ismarckbrunnen* schuf die Hand des Meisters Adolf Hildebrand.

Das Schlachtfeld droben übersah der Korse dicht vor ***C**ospeda*.

Die Ruhmeschronik Jenas nennt mit Recht auch Otto ***D**evrient*.

Selbst in der Chrysanthemen Land ist Rudolf ***E**ucken* wohlbekannt

Am ***F**ürstengraben* sind zu finden die schönsten Büsten und auch Linden.

Der ***G**algenberg* – ein häßlich Wort, doch gern erging sich Schiller dort.

Viele reiche Schätze liegen aus im wundervollen ***H**aeckelhaus*.

Vier Tore ragten einst empor, jetzt nur noch das ***J**ohannistor*.

Die Lieder der ***K**urrende* Schar erklingen immer frisch und klar.

Berühmt ist unsere ***L**esehalle*, die Geistesnahrung hat für alle.

Solch zweiten schönen ***M**arkt* zu sehen, muß man weit auf die Suche gehen.

Hoch oben auf der ***N**asenkuppe**) erscheinst du klein wie eine Puppe.

Dem Auge bietet schöne Schau des ***O**berlandsgerichtes* Bau.

Im neuen ***P**lanetarium* hat ihr achtes Wunder unsere Stadt.

Dank sei den ***Q**uäkern* dargebracht, die hilfreich unser auch gedacht.

Im ***R**osensaal* schon oft erklang beredtes Wort, Musik und Gesang.

Die ***S**aale* ist nicht immer friedlich und noch viel seltener appetitlich.

Nicht nur das Paradies ist hier, auch ***T**eufelslöcher* haben wir.

Entzückend ist vom ***U**hlitzsch-Stein***) der Blick in Stadt und Land hinein.

Das ***V**olksbad* ist der rechte Ort für den gesunden Wassersport.

Das Bier von ***W**öllnitz* ist nicht ohne, es mundet selbst dem Musensohne.

***X**anthippen* Jenas seht euch vor, noch hängt der Käsekorb ***) am Tor.

Der Fremdenstrom wird stets hier bunter, auch Japs und ***Y**ankees* sind darunter.

Die ***Z**eise* ist nur hier bekannt, die Firma ***Z**eiss* kennt jedes Land.

Solf

(Ein Werbeslogan unserer Stadt aus den 20er Jahren des vergangenen Jahrhunderts.)

*) Auch unter dem Namen Luther- oder Leutrakanzel im Mühltal bekannt.

**) Auf den Sonnenbergen

***) Auf dem Balkon am Johannistor sollen zänkische Weiber ausgestellt worden sein. Ein unausrottbarer Irrtum. Dieser Balkon diente dem Wächter lediglich als Ausguck und meldete, was aus dem Westen auf die Stadt zukam.

Weitere Bücher aus dem Wartberg Verlag für Ihre Region

Jena – Ein verlorenes Stadtbild
von Just Bergner
72 S., geb., zahlr. S/w-Fotografien
(ISBN 3-86134-445-9)

Jena – Bewegte Zeiten – Die 50er und 60er Jahre
von Just Bergner
72 S., geb., zahlr. S/w-Fotos
(ISBN 3-86134-346-0)

Jena – Farbbildband
dtsch./engl./franz.
von Just Bergner und Thomas Ziegler
72 S., geb., zahlr. Farbfotos
(ISBN 3-86134-717-2)

Jena – Wir zeigen den Wandel
von Just Bergner und Thomas Ziegler
72 Seiten, gebunden, zahlreiche S/w- und Farbfotos
(ISBN 3-8313-1171-4)

Jena – Auf den ersten Blick
dtsch./engl./franz.
von Just Bergner und Thomas Ziegler
32 S., geb., zahlr. Farbfotos
(ISBN 3-86134-718-0)

Jena – Geschichte und Geschichten, Band 2
von Just Bergner
(ISBN 3-86134-264-2)

Mein Leben auf dem Lande – Erinnerungen an eine Kindheit in Thüringen
von Hannalore Gewalt
128 S., geb., mit Abbildungen
(ISBN 3-8313-1280-X)

Geheimnisvolles Jena
von Cornelia Dunker
(ISBN 3-8313-1387-3)

Das Jenaer Fotoalbum der vierziger und fünfziger Jahre
von Frank Döbert
64 S., geb., zahlr. S/w-Fotos, Großformat
(ISBN 3-8313-1243-5)

Das war Jena 1945 bis zur Jahrtausendwende
von Just Bergner
Eine Chronik.
64 S., geb., zahlr. S/w-Fotos, Großformat
(ISBN 3-86134-661-3)

Wartberg Verlag GmbH & Co. KG
Bücher für Deutschlands Städte und Regionen
Im Wiesental 1 · 34281 Gudensberg-Gleichen · Telefon (0 56 03) 9 30 50
Fax (0 56 03) 30 83 · www.wartberg-verlag.de